国家出版基金项目
NATIONAL PUBLICATION FOUNDATION

深圳 2035：
中国式现代化的深圳展望

郑永年　段啸林　袁冉东 ◎ 著

深圳出版社

图书在版编目（CIP）数据

深圳2035：中国式现代化的深圳展望 / 郑永年, 段啸林, 袁冉东著. -- 深圳：深圳出版社, 2024.12.
ISBN 978-7-5507-3986-4

Ⅰ. D676.53

中国国家版本馆CIP数据核字第2024B2E664号

深圳2035：中国式现代化的深圳展望

SHENZHEN 2035: ZHONGGUOSHI XIANDAIHUA DE SHENZHEN ZHANWANG

出 品 人	聂雄前
特约统筹	王心言
特约策划	冯箫凝
责任编辑	侯天伦　许　超
责任校对	莫秀明
责任技编	梁立新
装帧设计	今视设计

出版发行	深圳出版社
地　　址	深圳市彩田南路海天综合大厦（518033）
网　　址	www.htph.com.cn
服务电话	0755-83460330（编辑部）　　0755-83460239（邮购、团购）
电子邮箱	szzn@htph.com.cn
设计制作	深圳市今视品牌策划设计有限公司
印　　刷	中华商务联合印刷（广东）有限公司
开　　本	787mm×1092mm　1/32
印　　张	7.375
字　　数	180千字
版　　次	2024年12月第1版
印　　次	2024年12月第1次
定　　价	88.00元

序　言

　　改革开放以来，中国社会经济发展取得了巨大的成就。作为中国经济特区的先锋，深圳的崛起是这一时期中国现代化进程的缩影。从一个默默无闻的边陲小镇到具有全球影响力的国际大都市，深圳只用了不过 40 年。深圳今天依然年轻，充满活力，这种活力在深圳经济活动的空间密集度上有着充分的体现。作为中国四大超一线城市中土地面积最小的城市，深圳土地面积只有北京的八分之一，只占全国土地面积的万分之二，但近年来深圳的地区生产总值却几乎占国内生产总值的 3%。也就是说，深圳在空间上的经济活动强度超过全国平均水平百余倍。无疑，深圳已经成为粤港澳大湾区乃至整个中国一个重要的经济增长极。

　　如今的深圳是中国最先进的城市之一，拥有高效的城市管理体系和先进的基础设施，是中国最重要的制造业中心和最具创新精神的城市之一，是华为、腾讯、中兴通讯、比亚迪等世界级科技企业的总部所在地，是世界上重要的应用技术研发中心。深圳与世界经济体保持着紧密的联系，是全国经济对外开放程度最高的地区之一，过去 31 年出口规模稳居内地城市首位，是中国走向国际舞台的重要门户，正全力建设国际贸易、投资与合作交流高地，不断吸引着全球各国企业前来投资和设立业务主体。总的来看，深圳已成为中国经济的重要发动机和全球经济的重要参与者。

应当强调的是，上述举世瞩目的成就来之不易，它们既得益于国家改革开放和经济特区建立带来的政策红利，也是几代深圳人不懈努力的结果。

中共中央、国务院于 2019 年 2 月印发《粤港澳大湾区发展规划纲要》，确立了深圳作为粤港澳大湾区四大核心引擎之一的战略地位。同年 8 月，《中共中央国务院关于支持深圳建设中国特色社会主义先行示范区的意见》中提出深圳朝着建设中国特色社会主义现代化先行示范区的方向前进的要求，以及探索全面建成社会主义现代化强国新路径。这两份重要的政策文件在半年内相继出台，它们不仅是区域发展的规划，更是符合新时代需要的国家总体发展规划的一部分，也是对深圳在改革开放历史进程中地位和作用的肯定，具有里程碑式的意义。它们标志着深圳迎来又一个重大历史机遇，也是继兴办经济特区之后，党和国家赋予深圳的又一项光荣使命。

2012 年，党的十八大首次提出中国特色社会主义事业总体布局是"五位一体"；2017 年，党的十九大提出新时代中国特色社会主义事业战略布局是"四个全面"；2021 年，我国成功实现了第一个百年奋斗目标，解决了绝对贫困问题，全面建成小康社会。之后，党中央开启全面建成社会主义现代化强国的第二个百年奋斗目标的新征程，我国社会主义发展进程从此进入从站起来、富起来到强起来的历史性跨越的新阶段。正如习近平总书记指出的，"新发展阶段就是全面建设社会主义现代化国家、向第二个百年奋斗目标进军的阶段。这在我国发展进程中具有里程碑意义"①，"全面建设社会主义现代化国家、基本实现社会主义现代化，既是社会主义初级阶段我国发展的要求，也是我国社会主义从初级阶段向更高阶段迈进的要求"，"社会主义初级阶段不是一个静态、一成不变、停滞不前的阶段，也不是一个自发、被动、不用费多大气力自然而然就可以跨过的阶段，而是一个动态、积极有为、始终洋溢着蓬勃生机活力的过程，是一个阶梯式递进、不断发展进步、日益接近质的飞跃的量的积累和发展变化的过程"②。党的十八届五中全会明确了创新、协调、绿色、开放、共享的新发展理念，对促进经济社会持续健康发展产生了重大作用，也是新发展阶段发展实践必然贯彻的理念。在新发展阶段，我们面临的发展环境和条件也都有了新的重大的变化。面对这种新的变化，党的十九届五中全会明确提出，要加快构建以国内大循环为主体、国内国际双循环相互促进的新发展格局。2022年，党的二十大概括提出并深入阐述"中国式现代化"理念，国家进入通往2035年基本实现社会主义现代化、2050年建成社会主义现代化强国的新阶段。

　　深圳一直走在时代变化的最前沿。在"双区"（粤港澳大湾区与中国特色社会主义先行示范区）利好叠加、"双区"驱动下，深圳赢得了机遇。在全国贯彻新发展理念、构建新发展格局的过程中扮演领头羊的重要角色，深圳必将在新发展阶段创造出令世界

---

① 习近平2020年10月29日在党的十九届五中全会第二次全体会议上的讲话《新发展阶段贯彻新发展理念必然要求构建新发展格局》。
② 习近平2021年1月11日在省部级主要领导干部学习贯彻党的十九届五中全会精神专题研讨班上的讲话《把握新发展阶段，贯彻新发展理念，构建新发展格局》，《习近平著作选读》第二卷第402页。

更为震撼的新成就、令世人更为惊叹的新奇迹。在党的二十大之前，深圳已经开始思考如何实现中国式现代化这一问题。2021年8月，香港中文大学（深圳）前海国际事务研究院开始对"深圳率先实现社会主义现代化路径研究"和"把握新发展阶段、贯彻新发展理念、构建新发展格局：深圳战略路径研究"这两个相互关联的课题展开深入研究，充分发挥研究机构的作用，集思广益，对深圳的过去和现状做深入的研究，展望深圳现代化的未来，历时一年最终完成了两份近14万字的研究报告。

本书的内容就是在这两份研究报告的基础上提炼、发展而来的，又历经两年反复推敲后集结成册，力争使成果在内涵上具有综合性、系统性、开放性和探索性，全书的研究分析聚焦在国际、国家、区域和深圳四个层面上。具体来说，研究深圳率先实现社会主义现代化和"三新"（新发展阶段、新发展理念、新发展格局）背景下的战略路径，就是要解决深圳在未来20多年应该是什么（定位）、应该做什么（功能）、应该怎么做（战略和具体策略）等一系列问题。通过对这些问题做深入、系统地分析研究，帮助深圳更好地抓住"双区"建设和综合改革试点的重大历史机遇，使深圳在新发展阶段更好地发挥其应有的重大作用，在全国努力推进中国式现代化的进程中扮演先行者和引领者的角色。

当今世界正在经历百年未有之大变局。而随着全面建成小康社会，中国已进入实现中华民族伟大复兴的又一个关键时期。在如此特殊的历史阶段，深圳应勇于担当。我们的研究团队在开展研究工作时形成了一系列共识，即深圳在谋划下一步发展时至少应当考虑以下三个方面：

第一，对深圳自身而言，要建设成为向世界最发达经济体看齐的高质量、高水平的经济平台，同时避免一些发达经济体经历过或正面临的中产阶层体量缩小、收入差异巨大、社会高度分化的局面，实现社会公平。在此层面需要解决深圳如何在跨越"中等收入陷阱"的基础上，迈步到发达经济体的水平的问题。

尽管深圳人均地区生产总值已经超过 2 万美元，在数据层面上已经显示不存在"中等收入陷阱"问题，但深圳仍没有可掉以轻心的空间。因为深圳的发展水平较亚洲"四小龙"最后一位中国台湾（中国台湾 2022 年人均地区生产总值为 3.28 万美元）还有一定的距离（2022 年，深圳人均地区生产总值为 2.72 万美元），更远远低于其他几个经济体（韩国、新加坡和中国香港）。深圳到 2035 年的发展目标应当是成为高度发达经济体，人均地区生产总值达到 5 万美元以上（以 2022 年不变价计算）。但客观地看，要达到这个目标，还需要持续努力，实现可持续的高质量增长。

第二，对粤港澳大湾区而言，深圳要起到核心引擎的作用，并充分发挥其毗邻香港的优势，全力配合香港实施"北部都会区"发展策略，促进香港与大湾区及内地其他地区的深度合作。考虑到"一国两制"因素，深圳在构建新发展格局中具有非同寻常的意义。

内地需要发挥"一国"的比较优势，实现大湾区内 11 个城市的协同发展，为香港的发展创造和提供更有利的资源和充足的空间。因大湾区建设而不断丰富的"一国两制"在大湾区的成功展现，也会为未来解决台湾问题、实现国家统一提供有益借鉴。对深圳来说，要实现可持续的高质量发展，在构建新发展格局的过程中要帮助香港，实现优势互补、"一加一大于二"的深港深度合作发展。

第三，对国家而言，深圳需要充分发挥其独特的优势和潜力，在推动中国经济持续健康快速发展、推动社会进步、推动人民生活水平不断提高等方面，发挥先行先试的示范作用。党的二十大已经擘画了全面建成社会主义现代化强国的蓝图，总的战略安排是分两步走：从 2020 年到 2035 年基本实现社会主义现代化，从 2035 年到本世纪中叶把我国建成富强民主文明和谐美丽的社会主义现代化强国。

现在距离 2050 年还有很长时间，但到 2035 年已经不远了。到 2035 年，我国大陆地区至少要达到人均地区生产总值 3.3 万美元，即中国台湾 2021 年的水平，而彼时我国大陆地区人均地区生产总值是 1.25 万美元。从 20 世纪 80 年代初的不到 300 美元到 2021 年的 1.25 万美元，无疑是个巨大的成就；但是从 1.25 万美元到 3 万多美元，还有很长的路要走，还需付出更多努力。如果整个国家到 2050 年要达到高度发达经济体的水平，未来二三十年中国必须保持中高速发展。就国家整体来说，要实现这种长期可持续的经济健康发展绝非易事。国家要保持可持续发展，就必须深化改革、扩大开放。

中国的改革开放是有方向、有立场、有原则的。在明确和遵循这些方向、立场和原则的前提下，深圳应该进一步解放思想，在努力探索新的发展模式——例如以大规模"软基建"促进包容性可持续发展来代替过去很多地方曾推行的过于依靠土地财政和房地产拉动经济的增长模式——及突破性的体制机制改革等方面先行先试，勇于创新，为国家发展贡献深圳模式和深圳经验——例如以行政体制改革来推进政府治理体系现代化。

深圳这座因改革而生、因开放而强的城市，这座始终站在改革开放最前沿的城市，在新发展阶段不仅要全面贯彻新发展理念，为国家构建新发展格局服务，更要担当起引领"三新"的历史使命。需要意识到，对于像中国这样的超大型国家而言，我们需要建设几个超大型的经济平台来带动整个国家的发展。深圳乃至整个粤港澳大湾区的发展，就是在为中国打造这样一个超大型经济平台，因此具有十分重大的战略意义。

以上这些思考贯穿了我们的研究，也形成了本书的几大主题。在这几个主题之中，我们认为，如何为中国建设起数个超大型经济平台，是现阶段亟须解决的关键性问题之一。在这方面进行探索，是以中国特色社会主义先行示范区为建设目标的深圳应当承担的责任。这种探索对于帮助实现本地区的可持续发展也是十分重要的，深圳和整个粤港澳大湾区在这方面大有可为。那么，这种超大型经济平台具体应该是什么样的平台、应该具备什么样的内涵和属性，我们在本书中提出"地域嵌入型世界级经济平台"这个概念来帮助解答。

新发展阶段明确了我国发展的历史方位，即在未来的 20 多年内要完成将我国建设成为社会主义现代化国家的目标。也就是说，到 2050 年，我们在经济建设方面的目标应该是达到高度发达经济体水平。要完成这样的目标，对中小型国家而言尚且不易，对于中国这样的超大型国家而言更是充满了挑战。而不管是大国还是小国，要完成这样的目标，如何创造财富、可持续地"把蛋糕做大"是其中无法回避的问题。我们提出"地域嵌入型世界级经济平台"的概念，就是围绕创造财富、留住财富和增值财富几个环节来探讨深圳如何先行先试服务于国家构建新发展格局。建设"地域嵌入型世界级经济平台"，就是指通过提供一系列条件，使一个地区或经济体成为那些代表先进生产力、掌握高端核心技术的优质资本和人才都想进入，进入之后不会走、不想走，也走不了的经济平台。

财富，不仅仅是一个经济学或者商业管理的概念，更是政治和社会概念。或者说，财富的创造、留住和增值需要经济、政治和社会各方面制度的配合。因此，我们需要很多的探索。从这个角度看，深圳在构建新发展格局中的意义更为重大。深圳的发展不仅要快，而且要平稳。回顾历史，可以看到一些发展中国家可以在一段时间里实现快速增长，但不能长期稳定增长，经济经常回落甚至倒退。对开放型经济体来说，挑战则更大，因为全球化时代的资本具有高度流动性，来得快，去得也快。如果经济增长不稳定，大起大落，就会出现停滞或呈现不发展状态。

因此，深圳不仅要吸取陷入"中等收入陷阱"经济体的教训，更需要研究相关的发达经济体是如何维持其稳定发展的。且不论久远的历史，自二战以来，发达经济体尽管经历了种种经济、政治危机，但直到今天发达经济体依然牢牢占据着先进技术和优质资本高地，先进技术和优质资本并没有流向其他国家。这也是美国等资本主义国家仍然能够维持其经济优势的关键所在。资本主义国家不可避免地会发生周期性危机，但往往"垂而不死"，经过调整又恢复生机，甚至是更快地发展。这背后的动力机制和逻辑是什么？这是需要认真研究的问题。我们认为，拥有数个大规模的"地域嵌入型世界级经济平台"是美国、欧盟等发达经济体能始终保持其经济活力的一个重要原因。

新发展理念指向的是高水平发展、质量型经济。对中国来说，数量型经济扩张已经达到相当的高度，跨越"中等收入陷阱"，实现高水平发展，无疑需要依靠质量型经济，即依靠高端技术和优质资本。从这个角度来看，在新发展阶段，在中国打造数个"地域嵌入型世界级经济平台"，是贯彻新发展理念、助力构建"双循环"新发展格局的有力抓手，也是帮助中国跨越"中等收入陷阱"的一大关键。如果能在粤港澳大湾区、长三角、京津冀和成渝等地区形成几个超大型"地域嵌入型世界级经济平台"，其释放的强大发展动能，将为中国在新发展阶段成为中等发达国家、基本实现共同富裕奠定坚实的经济基础。

就产业升级而言，中国需要形成数个高端产业链，这些产业链具有地域性，并不会因外在形势的变化而迅速流失。珠三角曾经被称为"世界制造业基地"，形成了比较完整的产业链，但整体升级还没有能够完成，很多领域一直维持着劳动密集型运作。经历了 2008 年全球金融危机之后，尽管东莞等地经过转型也得到了发展，但没有起到留住和继续吸引优质资本应有的作用。幸运的是，深圳现在正在快速形成以高端技术和优质资本为核心的产业链，并且向周边地区扩散和辐射。在全球化时代，资本是流动的，没有国界，产业很难依靠政治和行政因素（例如国家安全）使资本驻足。"地域嵌入型"经济就是提供一系列条件，使得优质资本和人才都想进入，进入之后不会走、不想走，也走不了。"地域嵌入型"经济对整个国家的经济发展具有重大意义。如果整个粤港澳大湾区、长三角、京津冀等区域都能形成具有自身特质的产业链，在留住本土优质资本的同时吸引优质外资，那么无疑将有助于中国跨越"中等收入陷阱"，实现高质量发展，成为高收入经济体，并且使经济长期保持高水平的稳定发展。

我国已经进入自 1840 年鸦片战争以来的进一步对外开放阶段。鸦片战争之后的第一次开放，是被迫的开放，触发了中国长约一个世纪的革命和战争；改革开放这场第二次革命是主动的开放，通过与世界"接轨"，抓住每一次的历史性发展机遇，造就了今天的中国；进一步全面深化改革、推进中国式现代化更是中国主动的开放，也是中国通过争取国际规则制定权、走近世界舞台中央、在国际治理中扮演一个大国应有的角色所必须经历的过程。本书希望通过对上述重要问题的研究，助力深圳在大变局之下主动迎接挑战，在进一步全面深化改革、推进中国式现代化的进程中把握和创造机遇，以打造国际经济平台为契机，成为国家"双循环"战略交汇处的一个重要支点，为我国实现第二个百年奋斗目标做出更大贡献。

本书的内容分成两个部分：第一部分围绕到 2035 年，深圳率先实现社会主义现代化的目标，分析了深圳在社会主义现代化新征程中面临的主要问题和挑战，构建了相应的指标体系，清晰地描绘了社会主义现代化的发展图景，提出了深圳率先实现社会主义现代化的发展思路和对策建议。第二部分对深圳把握新发展阶段、贯彻新发展理念、助力国家构建新发展格局应制定的战略路径和采取的具体策略展开研究，分析了"三新"背景下深圳的机遇和挑战，提出了深圳服务和引领"三新"的历史使命、战略方向和总体思路，在战略路径的选择上提出以打造"地域嵌入型世界级经济平台"来实现深圳的使命，并提出一系列具体策略。

我们希望能以本书的出版为契机，引发政策研究界乃至整个学界对深圳未来发展及相关问题的进一步关注，从而为包括深圳在内的粤港澳大湾区乃至国家的可持续发展，奠定更坚实的理论基础。鉴于粤港澳大湾区的战略重要性，香港中文大学（深圳）前海国际事务研究院将持续对本区域开展追踪式的深入研究。

应当指出的是，本书作为我们"深圳研究三部曲"的首部作品，所呈现的内容或许仍有需要提升的部分，还请各界读者与学界不吝赐教。

作为后发展国家，中国要实现高质量发展，就不可避免地要走适合后发展国家的道路：第一阶段是借助发达国家的技术传播和扩散，对技术加以应用，实现技术应用式发展；第二阶段则从技术应用转向原创。而第二阶段能否成功，关键在于中国能否跨越"中等技术陷阱"。

"深圳研究三部曲"第二部的主题为"跨越'中等技术陷阱'、推进中国式现代化：深圳的作用与担当"。我们将提出和研究"中等技术陷阱"这一后发展国家要成为发达国家必将遇到及必须克服的难题，并以深圳为案例，在阐明深圳特有优势和短板的基础上，为中国跨越"中等技术陷阱"提出有效可行的深圳方案。

"深圳研究三部曲"第三部的主题为"平准经济学原理与深圳发展实践"。我们将提出和构建"平准经济学"这一立足现实、回应传统、贯通古今、解释中外的经济学原理框架，并以深圳经济特区 40 多年的发展实践和取得的辉煌成就为案例，深入分析"平准经济学"原理的实际应用，发挥其对过去经验的解释作用，并对深圳的未来做具有建设性和前瞻性的展望。

本书中的研究成果是香港中文大学（深圳）前海国际事务研究院研究人员集体合作的产物，总负责人为郑永年教授。本书的第一部分"深圳率先实现社会主义现代化路径研究"负责人为段啸林博士，第二部分"把握新发展阶段、贯彻新发展理念、构建新发展格局：深圳战略路径研究"负责人为袁冉东博士。

全书章节撰写分工如下：

第 1 章，段啸林、林宝仪；第 2 章，黄平；第 3 章，段啸林、何恬；第 4 章和第 5 章，郑永年、段啸林；第 6 章，王丽莎、袁冉东；第 7 章，向勋宇；第 8 章，魏媛媛、袁冉东；第 9 章，郑永年、袁冉东。

我们的评审专家组对相关的工作提出了很多宝贵而极具建设性的意见。交互式的政策研究过程，在促进研究团队和评审专家组双方交流的同时，也促成了共识的形成。这些讨论和共识对于思考与探讨如何推动深圳的健康发展这一问题无疑将起到推进及深化的作用。因此，在本书编写完成之际，我们对参与评审工作的各位学者和嘉宾表示由衷的感谢，对长期关注和支持我院的政府与社会各界友人表示感谢，对王心言和她的研究院行政团队以及深圳出版社的工作人员付出的辛劳表示感谢。

郑永年　段啸林　袁冉东

目 录

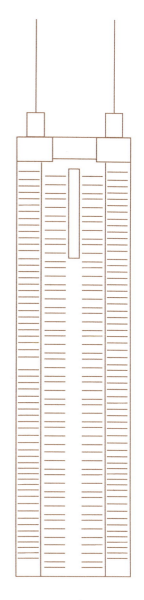

第一部分

深圳率先实现社会主义现代化路径研究

第1章

社会主义现代化的基本内涵及深圳的历史使命

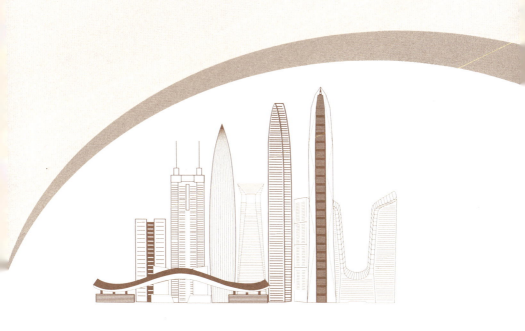

习近平总书记在党的二十大报告中指出："从现在起，中国共产党的中心任务就是团结带领全国各族人民全面建成社会主义现代化强国、实现第二个百年奋斗目标，以中国式现代化全面推进中华民族伟大复兴。"在全面建设社会主义现代化的新时代，深圳被赋予了重大历史使命。2019 年，《中共中央国务院关于支持深圳建设中国特色社会主义先行示范区的意见》（以下简称《意见》）明确了，支持深圳高举新时代改革开放旗帜、建设中国特色社会主义先行示范区。

如何不断开创社会主义现代化建设的新局面，充分发挥深圳的先行示范作用，在超大城市和特大城市管理、改善营商环境、构建国内国际双循环互相促进的新发展格局等方面为全国提供可供参考的政策经验，使得"深圳智慧"不断丰富和发展中国模式的实践和理论，成为深圳下一阶段的重大任务，也是党和国家赋予深圳的重大使命。这就需要深圳准确理解社会主义现代化的基本内涵、党和国家的战略部署，在社会主义现代化建设中围绕社会主义的内涵和要求，瞄准世界一流水平，探索符合深圳城市特色的现代化路径。这也是本书努力探究的方向。

正确理解新时代中国特色社会主义现代化的基本内涵，是贯彻落实党和国家的战略部署的首要条件，需要深刻挖掘社会主义现代化的历史文化根源，全面理解新时代中国特色社会主义现代化的整体战略构想，准确把握深圳和其他中国特色社会主义现代化试点地区不同的独特使命，深圳在改革开放 40 多年中的地位以及对丰富、践行中国模式的意义。对这些方面的把握，也是深圳探索符合自身情况的社会主义现代化路径的关键。

一、社会主义现代化的思想根源

中国特色社会主义现代化有着深刻的思想根源、文化根源和时代背景，它根植于中国的优秀文化，与人类社会以及中国丰富的社会主义现代化建设实践密不可分。

1. 人类社会自 19 世纪以来的现代化建设实践和巨大成绩，值得我们分析、总结和学习

现代化是一个历史过程，笼统地指经济、政治、文明等从传统向现代形态发展的现象。比如，从农业经济、工业经济到知识经济的转变，大致概括了经济现代化的发展历程。中国社会主义现代化建设不是"闭门造车"，而是要参照以往的工业化、城镇化、农业现代化、信息化等基本路径，以实现高质量的经济发展、完善的社会福利制度、健全的法律和社会治理制度等为基本目标，到 2035 年人均国内生产总值达到中等发达国家水平。

西方式现代化的学理讨论也很丰富。比如：阿瑟·刘易斯强

调经济现代化要打破城乡经济和社会的二元结构，构建一个发达社会；阿尔蒙德的政治现代化理论强调了政治发展的概念，即现代化社会要有健全和高效的行政机关、党政体系，社会现代化则强调社会的自我治理能力的提升；美国密歇根大学的殷格哈特认为，后现代化的核心社会目标不是追求经济的快速增长，而是增进人类福祉、提高生活质量；哈佛大学的政治学者亨廷顿在《变化社会中的政治秩序》中强调了政党现代化的重要性，他指出，"没有一个强大、有力量的政党的领导，是许多第三世界国家无法控制政治现代化过程中产生的政治衰朽的主要原因"。类似的讨论对我们理解社会主义现代化有着重要的启示意义。

城市现代化应当具有先进的生产水平、完善的城市配套基础设施、优美宜居的城市环境、丰富的城市文化、高效和专业的城市管理体系。从地理空间上讲，城市现代化要实现城市中心区和城郊乃至周边区域在发展上"相得益彰"，实现从单体发展到集群发展的转变；在区域差异大的背景下，中心区的现代化必然会被拖累。从经济角度看，城市更加注重经济发展的质量而非规模，优化产业结构，实现从投资拉动到消费、科创引领和改革推动的发展模式的转变。

2. 中国优秀文化为社会主义现代化建设提供了丰富的历史和文化土壤

中国历代社会中都不乏对政府与社会、个人与集体、人与自然等问题在理论上的深刻的思考，甚至在今天仍然具有借鉴意义。比如：先贤对"大同社会"的阐释，就表达了中国古代对理想社会的一种朴素的向往。在《礼记·礼运》中，"大道之行也，天下为公，选贤与能，讲信修睦……使老有所终，壮有所用，幼有所长，矜、寡、孤、独、废疾者，皆有所养。男有分，女有归。货恶其弃于地也，不必藏于己；力恶其不出于身也，不必为己。是故谋闭而不兴，盗窃乱贼而不作，故外户而不闭，是谓大同"设想了理想社会中政治、社会、伦理和礼仪等规范。《论语·公冶长》描述的美好社会是"老者安之，朋友信之，少者怀之"，充分显示了儒家经典中的民本思想。康有为在《大同书》中发展了"大同思想"，他认为，当时中国处于"据乱世"，必须向已进入"升平世"的欧美资本主义国家看齐，然后才能进入"太平世"，即"天下为公，无有阶级，一切平等"的大同世界。孙中山先生的三民主义把"天下为公"和"世界大同"结合起来，认为只有通过实现世界各民族平等和独立（民族主义）、平均地权和节制资本（民生主义）、保障民主权利（民权主义），才能建立美好社会。这些都是建设新时代中国特色社会主义的有益的历史文化养分。

3. 中国新时代的社会主义现代化建设离不开对 1949 年以来艰苦探索与改革开放的伟大实践的认真思考和总结

在中国化时代化的马克思主义的指导下，我国对社会主义现代化建设的目标、前景和实现步骤进行了有益的探索，在建设实践中极大地推动了马克思主义中国化。

1954 年，全国人大一届一次会议通过的《政府工作报告》提出，我国要"建设起强大的现代化的工业、现代化的农业、现代化的交通运输业和现代化的国防",即实现"四个现代化"的目标。1957年,毛泽东同志在《关于正确处理人民内部矛盾的问题》一文中提出,努力把我国建成一个"具有现代工业、现代农业和现代科学文化的社会主义国家",后来又加上了国防现代化。

党的十一届三中全会提出,全党工作的着重点应该转移到社会主义现代化建设上来。1980年,邓小平同志在《目前的形势和任务》中指出:"四个现代化,集中起来讲就是经济建设。"姓"资"姓"社"的大争论进一步明确了市场经济对社会主义现代化建设的重要意义。党的十四大明确指出,中国经济体制改革的目标是建立社会主义市场经济体制。党的十七大对现代化建设的目标做了进一步提炼、发展,提出"建设富强民主文明和谐的社会主义现代化国家"。这些有益的理论探索和实践为我国新时代社会主义建设奠定了基础,指明了前进的方向。

二、中国特色社会主义现代化的战略构想

习近平总书记指出:"中国特色社会主义道路,是实现我国社会主义现代化的必由之路,是创造人民美好生活的必由之路。"[1]回顾历史,社会主义现代化的布局由最初的完整工业体系与国民经济体系建立,拓展到物质文明和精神文明"两手抓、两手都要硬",再到党的十六大提出"经济建设、政治建设、文化建设"三位一体,发展到党的十七大"经济建设、政治建设、文化建设、

---

[1] 习近平2012年11月17日在中共十八届中央政治局第一次集体学习时的讲话《紧紧围绕坚持和发展中国特色社会主义 学习宣传贯彻党的十八大精神》。

社会建设"四位一体。习近平总书记继往开来，在党的十八大提出了"五位一体"总体布局，即"经济建设、政治建设、文化建设、社会建设、生态文明建设"（富强、民主、文明、和谐、美丽）。习近平总书记强调指出："中国特色社会主义道路，既坚持以经济建设为中心，又全面推进经济建设、政治建设、文化建设、社会建设、生态文明建设以及其他各方面建设"[①]。"生态文明建设"的加入，使社会主义现代化建设的内涵更加丰富、全面。准确理解和贯彻习近平新时代中国特色社会主义思想，需要把握以下要点。

1. 努力实现全面、协调、可持续的现代化

准确理解全面、协调、可持续的现代化的要求，要把握好三个基本关系：一是经济与环境的关系。新时代中国特色社会主义现代化，是要推动物质文明、政治文明、精神文明、社会文明、生态文明协调发展，而不是片面地追求经济增长速度，忽视经济增长而付出的环境代价。二是经济与社会的关系。经济发展是社会主义现代化的一部分，也是手段；经济发展的最终目的是实现社会和人的全面发展，建设宜居安居、共治共享的和谐社会。三是中国与世界的关系。中国的发展既要充分利用好国内国际"两个市场""两种资源"，又要为周边乃至世界各国的发展创造机遇。中国社会主义现代化建设也不能损害或者牺牲其他国家的发展机会，要走和平发展的道路，坚持多边主义和国际关系民主化，以

---

① 习近平 2012 年 11 月 17 日在中共十八届中央政治局第一次集体学习时的讲话《紧紧围绕坚持和发展中国特色社会主义 学习宣传贯彻党的十八大精神》。

开放、合作、共赢的胸怀谋划发展，坚定不移地推动经济全球化朝着开放、包容、普惠、平衡、共赢的方向发展。正如习近平主席 2013 年接受特立尼达和多巴哥《快报》、哥斯达黎加《共和国报》、墨西哥《至上报》的联合书面采访时所指出的，"实现中国梦给世界带来的是和平，不是动荡；是机遇，不是威胁"。[①]

2. 扎实推动共同富裕，实现人的全面发展

西方式的现代化强调效率，着重于物质财富的最大化，但是造成贫富分化、种族矛盾、毒品泛滥等社会问题。中国特色社会主义现代化建设要努力避免这些问题，坚持以人为本，实现人的全面发展。扎实推动共同富裕是实现这一目标的重要手段。

习近平总书记在庆祝中国共产党成立一百周年大会上指出，"人民是历史的创造者，是真正的英雄"，"江山就是人民、人民就是江山，打江山、守江山，守的是人民的心。中国共产党根基在人民、血脉在人民、力量在人民。"[②]党的十九届五中全会提出，"人民生活更加美好，人的全面发展、全体人民共同富裕取得更为明显的实质性进展"。新时代中国特色社会主义现代化必须坚持以人民为中心的根本立场，强调全体人民共享社会主义现代化发展成果，走共同富裕的发展道路，以促进人的全面发展为根本目标。

---

① 《习近平接受拉美三国媒体联合书面采访》，2013 年 6 月 1 日《人民日报》。
② 习近平《在庆祝中国共产党成立一百周年大会上的讲话》，《习近平著作选读》第二卷第 481、482 页。

3. 融合世界水平、国家标准和地方特色

一是新时代中国特色社会主义现代化要对标世界水平。2020年10月，党的十九届中五中全会提出了到2035年基本实现社会主义现代化的远景目标，其中包括人均地区生产总值达到中等发达国家水平，即"到2035年实现经济总量或人均收入翻一番"，其他的指标也要对标世界水平。二是在人口众多、幅员辽阔、地域差异明显的地方实现现代化，要考虑中国国情。中国显然不能以美国为范例或者目标，不能建设个人主义至上、消费主义盛行、资源过度消耗的现代化。习近平总书记指出："我们的任务是全面建设社会主义现代化国家，当然我们建设的现代化必须是具有中国特色、符合中国实际的。"[①] 三是强调国家标准和地方特色相结合。既要在一些硬性指标上有国家标准，作为党和政府努力工作的方向，又要允许甚至鼓励地方特色，而不是千篇一律地建设"样板"式的现代化。

三、比较视角下深圳的独特定位

在新时代中国特色社会主义现代化建设的新征程上，党中央全面推进各项试点、示范工作。在比较视角下，深圳建设"中国特色社会主义先行示范区"与上海浦东建设"社会主义现代化建设引领区"、浙江建设"共同富裕示范区"、海南建设"全面深化

---

① 习近平2021年1月11日在省部级主要领导干部学习贯彻党的十九届五中全会精神专题研讨班上的讲话《把握新发展阶段，贯彻新发展理念，构建新发展格局》，《习近平著作选读》第二卷第401页。

改革开放试验区""国家生态文明试验区""国际旅游消费中心"
等其他试点地区有着不同的区位优势和要素禀赋，在过去的发展
过程中各有特色，未来社会主义现代化建设的路径和目标也不尽
相同。比较深圳与国内其他试点地区的使命和要求（见表1-1），
有助于从全局理解党中央对深圳的战略定位和期许，并挖掘出深圳
在社会主义现代化建设道路上的亮点。

表1-1　中国部分试点地区的战略定位和发展目标

地区	战略定位	2035年发展目标
深圳	中国特色社会主义先行示范区	到2035年，深圳高质量发展成为全国典范，城市综合经济竞争力世界领先，建成具有全球影响力的创新创业创意之都，成为我国建设社会主义现代化强国的城市范例。
上海浦东	社会主义现代化建设引领区	到2035年，浦东现代化经济体系全面构建，现代化城区全面建成，现代化治理全面实现，城市发展能级和国际竞争力跃居世界前列。
浙江	共同富裕示范区	到2035年，浙江省高质量发展取得更大成就，基本实现共同富裕。人均地区生产总值和城乡居民收入争取达到发达经济体水平，城乡区域协调发展程度更高，收入和财富分配格局更加优化，法治浙江、平安浙江建设达到更高水平，治理体系和治理能力现代化水平明显提高，物质文明、政治文明、精神文明、社会文明、生态文明全面提升，共同富裕的制度体系更加完善。

地区	战略定位	2035 年发展目标
海南	全面深化改革开放试验区、国家生态文明试验区、国际旅游消费中心	到 2035 年，社会主义现代化建设走在全国前列；自由贸易港的制度体系和运作模式更加成熟，营商环境跻身全球前列；人民生活更为宽裕，全体人民共同富裕迈出坚实步伐，优质公共服务和创新创业环境达到国际先进水平；生态环境质量和资源利用效率居于世界领先水平；现代社会治理格局基本形成，社会和谐有序、充满活力。

对比深圳与国内其他试点地区的方案不难发现，中央的战略部署充分考虑了各地的经济和产业结构、区位优势、经济社会发展状况的差异。各试点在经济社会发展中各有侧重点。比如，海南试点的重点是在当前贸易保护主义抬头的复杂局势下，聚焦贸易和投资自由化、便利化，建立与高水平自由贸易港相适应的政策制度体系；这主要是考虑到海南的区位优势，便于实现"全岛封关"。浙江则是要提高发展的质量和效益，夯实共同富裕的物质基础，并通过改革收入分配制度，缩小城乡和地区差异，逐步实现公共服务均等化，同时保护自然环境，打造美丽宜居的生活环境。这是考虑到浙江中小民营企业发达，各地区差异较小，具有率先实现区域共同富裕的基础条件。

相比之下，中央对深圳的战略定位充分考虑了深圳经济特区建立 40 多年来形成的独特的区位、经济和制度优势：毗邻港澳，具有对接港澳和国际方面资源的便利条件和区位优势；市场经济体制完善，经济基础扎实，人才和资本等创新要素集聚，具备实现高质量发展的潜力和优势；依法行政和基层治理体系完善，具有坚实的法治基础。因此，中央对深圳的期望在于"新"，即在现有的产业基础上实现创新驱动的高质量发展，在现有条件下打造更加市场化、法治化、国际化的营商环境，在目前的基础上不断推进制度创新、规则创新，以改革和创新来形成发展动力，进而带动城市精神文明和可持续发展再上新台阶。

四、深圳在改革开放中的地位

作为中国改革开放的"试验田"，深圳正在向中国特色社会主义先行示范区成长，即打造一个面向未来的典范、一个可供参考的样板。总结过去 40 多年来深圳的成功经验以及当下面临的复杂挑战，对于明确深圳未来发展的重要任务具有重要意义。

1. 深圳成功的关键

（1）毗邻港澳，具有对接港澳和国际方面资源及规则的便利。

深圳借着国家改革开放的"东风"，从港澳地区引入大量资源、资金、技术和人才，通过生产要素的重新配置，形成了"前店后厂"的分工模式，推动珠三角的工业化和城市化，以及香港的产业转型。20 世纪 90 年代末港澳回归后，《内地与香港关于建立更紧密经贸关系的安排》（CEPA）进一步降低了内地与港澳之间的货物贸易、服务贸易和投资的壁垒与限制。近年来，深港区域合作逐渐向服务业、基础设施、生态治理等多方面的合作转变，对区域协调合作提出更高的要求。

深圳不仅凭借其独特的区位优势，成功抓住了全球产业转移的机遇，实现了跨越式发展，更为重要的是初步建立了与国际接轨的市场经济制度，在贸易仲裁、市场准入、外资投资便利化等方面有重大进展。

（2）政府治理能力突出，拥有建设法治城市示范的制度优势。

深圳经济特区40多年来在社会主义经济体制改革的引领下，政治建设始终走在前列，基本形成了精简高效、清正廉明、民主法治的现代城市治理体系，为推进治理体系和治理能力现代化打下了坚实基础。深圳通过转变政府职能，深入开展民主和法治化建设，发挥市场、社会和人民群众的主体性，构建起系统完备、科学规范、运行有效的法律体系，为经济社会全面发展提供制度保障。由国务院办公厅电子政务办公室委托中央党校（国家行政学院）电子政务研究中心开展的省级政府和重点城市一体化政务服务能力调查评估显示，在对全国32个重点城市的评估中，深圳的一体化政务服务能力在2019年、2020年、2021年连续3年位居第一。

（3）制度创新的背后是深圳实事求是、与时俱进的态度和决心。

深圳在改革开放的过程中，大胆地突破束缚市场经济发展的条条框框。这种问题导向的办事风格和敢闯敢干的魄力在全面建设社会主义现代化的新征程上十分可贵。

（4）深圳基本形成了以市场调节为主、政府调控和扶持为辅的市场局面。

比如，北京、上海的科技研发和创新的主体多数为科研机构及大学，而深圳创新的主体是企业。深圳的企业和市场在过去 40 多年逐渐进行了产业升级，从"三来一补"的加工业到以"模仿"为主要形式的工业化，再到现在启动了以信息技术、数字经济和智能制造等新兴产业为代表的创新转型。在这个过程中，市场发挥了关键作用，政府在平台搭建和制度建设上有力地保障了经济转型及升级，产业政策也起到了很好的引导作用。

2022 年，在复杂的国内国际形势下，深圳的战略性新兴产业增加值约 1.3 万亿元，占地区生产总值比重突破 40%，提前 3 年完成"十四五"规划目标。其中，新能源汽车、充电桩、民用无人机、5G 智能手机产量分别增长 183.4%、113.8%、34.7%、22.3%。深圳全社会研发投入约 1880 亿元，占地区生产总值比重达 5.81%，其中企业研发投入占比 94%，显示出深圳市场推动、企业推动的研发创新体系的特点。

2. 深圳面临的重要挑战

（1）发展后劲不足的问题。

世界上很多发展中国家在人均地区生产总值达到一万美元的时候，随着劳动力成本的上升，出口产品的竞争力下降，无法实现产业的转型升级，从而难以实现突破、进入高收入国家的行列。中国的发展现在也面临这样的问题，出口产品的竞争力在下降，劳动密集型产业逐渐转移至东南亚、印度等劳动力、物价水平较低的国家。深圳的人均地区生产总值虽然达到高收入国家的水平，但是也面临着产业外移、城市生活和生产经营成本上升、外资减少、产业升级等诸多困难。如何解决这些问题，创造经济发展的不竭动力，是深圳发展的一大挑战。

（2）超大城市治理的问题。

深圳是一个人口超千万的超大城市，深圳的社会主义现代化建设将为我国超大、特大城市的现代化建设提供范例，尤其是在大城市的发展和治理方面提供可复制的、可操作的政策经验。另外，深圳是一个比较"年轻"的城市。第七次全国人口普查数据显示，深圳常住人口平均年龄只有 32.5 岁；60 岁及以上人口占总人口的比例，上海为 23.38%，广州为 11.41%，北京为 19.63%，而深圳仅为 5.36%。这就要求深圳不断推进儿童友好型城市建设，完善教育、住房、医疗等社会福利制度，吸引和留住中青年人才。

（3）复杂的地缘政治形势下实现更高水平对外开放的问题。

外贸是深圳和浙江发展的支柱，但是深圳的发展更多地依靠外来资本，尤其是来自港澳的投资和产业转移机会，浙江更多地依靠本土民营企业。在近年来复杂的国际贸易环境下，深圳和浙江的企业都是以美国为代表的贸易保护主义的"打击对象"。相比之下，浙江民营企业的出口多为涉及生计的必需品，受到的冲击较小，甚至反而实现对美出口的大幅度增加；而深圳受到美国的科技封锁，关键行业的供应链中断，经济下行的压力加大。从这个角度讲，平衡内资和外资，兼顾和促进"内循环"与"外循环"协调发展，是中央对深圳的重要期许，这也反映在《意见》中。深圳如何克服复杂的地缘政治环境的种种限制，推动自身与粤港澳大湾区其他城市乃至世界先进贸易、商事、社会治理规则进行对接，对全国具有普遍意义。

五、党中央赋予深圳的独特使命

党中央、国务院对深圳的中国特色社会主义现代化建设寄予厚望，希望特区朝着建设中国特色社会主义先行示范区的方向前行，努力创建社会主义现代化强国的城市范例：到 2035 年，深圳高质量发展成为全国典范，城市综合经济竞争力世界领先，建成具有全球影响力的创新创业创意之都，成为我国建设社会主义现代化强国的城市范例；到本世纪中叶，深圳以更加昂扬的姿态屹立于世界先进城市之林，成为竞争力、创新力、影响力卓著的全球标杆城市。因此，深圳贯彻落实党中央、国务院的战略部署，实现战略目标，要把握三个基本方向：

1. 发挥深化改革的魄力和扩大开放的担当，突出先行示范性

深圳要成为中国特色社会主义先行示范区，就要在经济高质量发展、城市文明、民生幸福、营商环境和法治建设、生态保护等方面起到示范作用，不仅在经济发展水平、科创能力、公共服务均等化、对外开放等具体指标上达到全国领先、世界一流的水准，更要在制度建设、体制机制创新以及总结、推广可复制的现代化建设经验上发挥先导作用，为全局的工作部署和实施提供参考。

2. 充当大湾区发展的核心引擎，丰富"一国两制"事业的实践

经过多年的发展，相对于香港，深圳不再只是学生，而是能够与香港比肩，相互学习、相互促进的合作者。在中国特色社会主义新时代，我国高屋建瓴地进行粤港澳大湾区规划，深圳已在区域协同发展中发挥着核心引擎作用，同时还起到了"传送带"的作用，将香港、澳门经济发展、社会建设的先进经验传送到粤港澳大湾区的各个城市。另外，深圳还要继续守好国家意识形态安全的南大门，通过促进港澳与内地协同发展来不断丰富"一国两制"的实践。

3. 对标世界一流水平，突出地方特色，树立社会主义现代化城市典范

相较于其他城市，深圳处于改革开放前沿，一方面更快享受到改革开放带来的城市发展红利；另一方面也更早感受到由经济发展、城市化、工业化、科技革命等带来的严峻挑战和问题，如环境恶化、"大城市病"、产业外迁、收入差距大等。经过10多年的发展，深圳土地和劳动力价格上涨，靠着"三来一补"发展起来的劳动密集型产业失去竞争力，走到了发展尽头。为了扭转局面，深圳主动根据市场和产业发展规律进行顶层设计，谋求产业结构转型。经过产业升级和发展动能转换，深圳的发展由要素驱动转变为创新驱动。因地制宜地制定发展政策、进行产业升级和发展动能转换、主动推进制度创新是改革开放40多年来深圳能够实现一次又一次自我跨越的内在基础。深圳当下面临的问题，正

是我国其他后发展城市未来即将面临的问题。因此，深圳为我国其他后发展城市在突破发展瓶颈、克服发展困难等方面提供了具有参考意义的发展路径。

综观全球，一流城市各具特色。"五位一体"的总体布局绝不意味着深圳在各个方面要齐头并进，在政策资源的分配上搞"平均主义"、照顾各个方面，而是要突出特色、分清轻重、抓大放小。深圳未来的社会主义现代化建设要牢记国家赋予深圳的特殊使命，对标世界一流水平，更要持续探索并突出地方特色，发挥比较优势，树立社会主义现代化城市典范。

第2章

社会主义现代化
指标体系的构建

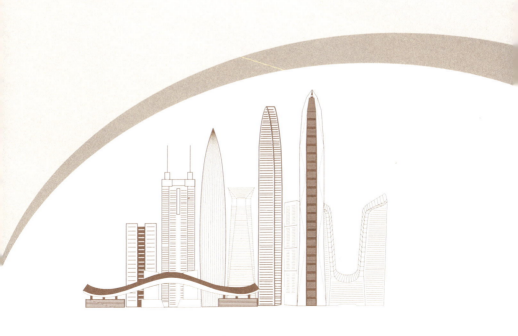

如何有效地融合现代化建设中世界一流水平的高标准要求、社会主义的内涵、深圳的城市特色和智慧，是一个具有挑战性的系统工程。对于这一重大问题的回答，既是深圳不断深挖城市特色、选择符合市情的现代化路径的过程，也是"深圳智慧"不断丰富、深化中国模式的理论和实践的过程，可以为其他地区乃至全国大规模地系统地开展社会主义现代化建设进程的衡量工作提供重要参考。应当选取正确的指标，以全面、客观的方式衡量工作进度，并建立初步的评价体系，上下团结一心，紧紧围绕中心任务，有步骤地开展各项工作，定期评估各项工作的进度，以"咬定青山不放松"的执着，奋力实现既定目标。

一、建立指标体系的目的

1. 评估深圳社会主义现代化建设的进程

一个完整、科学和客观的指标体系是实现定期评估的前提。通过城市社会主义现代化指标体系的构建，我们对社会主义现代化各个方面的发展情况进行评估，不仅可以反映出某个特定领域发展的不足之处，也可以呈现出社会主义现代化建设的整体发展趋势。这种点、面结合的评估，可以为政府决策提供清晰的参考和有力的支持。

2. 充分体现深圳"中国特色社会主义先行示范区"的定位，为我国城市间的横向比较提供有力的工具

城市作为人口密集区和经济活动中心，在我国实现社会主义现代化进程中扮演着核心和引领的角色。作为建设中国特色社会主义先行示范区这一崇高使命的担当者，深圳应该率先建立评价社会主义现代化的指标体系，为制定城市社会主义现代化建设的"国家标准"提供有力的工具，以进行城市间现代化水平的横向比较。在此基础上，各城市可以自主探索在社会主义现代化建设中如何突出各自的"城市特色"，使得我国各地的社会主义现代化建设呈现特色各异、百花齐放的局面。

3. 突出中国社会主义现代化路径的特色，形成与西方资本主义现代化模式"和而不同"的局面

长期以来，"现代化"的话语权是被西方垄断的，一般意义上的现代化国家都是指代西方的现代化、资本主义现代化，甚至是新自由主义现代化。然而，在一个多元、多极化的世界里，现代化不仅也不应该只有一种模式。构建社会主义现代化指标体系，不仅能够为世界上其他国家或地区提供实现现代化的另一种路径，而且我国建设社会主义现代化模式对接国际普遍认可的标准和规则，也能够为世界进一步了解中国、读懂中国提供一个独特的角度。

4. 为全球超大城市的现代化建设和可持续发展提供"深圳样本"

最新统计数据显示，截至 2021 年，全球人口超过 1000 万的超大城市共 34 个，其中中国占 6 个，也是超大城市数量最多的国家。由于大量流动人口的存在，我国实际管理人数超过 1000 万的超大城市远超 6 个。这就要求我国积极探索超大城市建设和发展的规律，在下一阶段的城市化和现代化进程中构建"中国规则"。深圳建设中国特色社会主义先行示范区，已经开展了很多成功的改革和实践，有责任为我国和世界超大城市的现代化建设和可持续发展提供"深圳智慧"。

二、建立指标体系的基本原则

中国特色社会主义现代化要求物质文明、政治文明、精神文明、社会文明和生态文明协调发展，是全社会、全领域、全方面的现代化，这也是中国特色社会主义现代化有别于发达国家现代化模式的关键所在。"十四五"规划和 2035 远景目标纲要明确提出要在 2035 年基本实现社会主义现代化，为我国未来十几年乃至更长时期的发展确立了清晰的远景目标。对于深圳而言，"五位一体"的中国特色社会主义现代化分别表现为现代化经济体系、法治城市、城市文明、民生幸福和可持续发展，这也是中央赋予深圳建设中国特色社会主义先行示范区这一新使命的五个战略目标。基于此，中国特色社会主义现代化指标的选取应该把握以下四个基本原则：

1. 充分体现我国 2035 年基本实现社会主义现代化的远景目标

全面建设社会主义现代化国家，是在全面建成小康社会奋斗目标实现之后，党确立的又一个具有战略意义的远景目标。到 2035 年基本实现社会主义现代化是党和国家在新时代"两步走"战略安排的关键一步。因此，指标体系应充分体现实现社会主义现代化的动态性和时代性，不仅要反映当下现代化的内涵，也要体现未来的时代变化赋予现代化新的内涵。

2. 充分体现我国现代化建设的社会主义特征

中国特色社会主义现代化体现五方面的基本特征，即人口规模巨大的现代化、全体人民共同富裕的现代化、物质文明和精神文明相协调的现代化、人与自然和谐共生的现代化、走和平发展道路的现代化。这些基本特征充分体现了社会主义现代化与资本主义现代化的根本区别。虽然和平发展是国家战略，在城市层面体现得并不充分，但是它也在一定程度上定义了城市和外部世界的关系，指明了深圳与世界共生、共荣、共命运的道路。深圳的发展不仅仅是内部的发展，更是一个国际化的过程，只有不断地丰富对外交往的内容和形式，深度融入和平发展的大势中去，才能在新的起点上实现跨越式发展。

3. 充分体现社会主义现代化与西方资本主义现代化的相通之处

虽然社会主义与西方资本主义对人和社会的关系、政府和资本的关系的理解有着根本区别，但是从物质文明发展的视角来看，它们又有一些共同之处。中国特色社会主义现代化也符合世界文明进步的一些普遍价值和目标。中国特色社会主义现代化指标体系的建设，也应充分体现城市现代化的普遍特征，以及社会主义现代化发展路径的包容性。这不仅将有利于西方世界和发展中国家更全面和深入地了解中国的发展模式及对社会主义道路的探索，也将为非社会主义的发展中国家提供一条可资参考和借鉴的现代化发展路径。

4. 充分体现深圳建设中国特色社会主义先行示范区的战略目标

深圳经济特区是我国改革开放的重要窗口，在各项事业上取得了显著成绩，为我国城市经济社会发展发挥了探路作用，并在众多领域起到了重要的示范引领作用。当前，中国特色社会主义进入新时代，中共中央、国务院对深圳的先行示范明确提出了五个战略目标，即成为高质量发展高地、法治城市示范、城市文明典范、民生幸福标杆与可持续发展先锋。作为面向深圳的社会主义现代化指标体系，这五大战略目标毫无疑问将是其中的基础和核心。

基于以上四个基本原则，本书中探讨的观点以"十四五"规划和 2035 远景目标纲要以及《意见》两个纲领性文件中对社会主义现代化的描述为基础，参考了日本森纪念财团旗下城市战略研究所发布的全球城市实力指数（GPCI）等国际社会广泛接受的第三方评价指标体系，建立中国特色社会主义现代化的城市评价指标体系。

三、建立指标体系的基本框架

1. 战略定位的指标细化和衡量

中共中央、国务院对深圳的先行示范明确提出了五个战略定位，涉及并指向以下五个方向：高质量发展、法治城市、现代城市文明、民生幸福和可持续发展。

（1）高质量发展，涉及创新驱动、现代产业体系、全面深化改革开放和粤港澳大湾区建设等四个方面。

由指标可以看出，深圳实现社会主义现代化的高质量发展具有鲜明的地方特征。特别是与粤港澳大湾区建设相关的内容，即深圳的高质量发展离不开深圳与粤港澳大湾区其他城市——特别是港澳——的联动和协调发展。这也表明深圳的现代化发展不仅是指深圳市行政边界内的现代化，也包含深圳率先实现现代化对粤港澳大湾区其他城市的辐射效应，更涉及深圳和港澳深度合作下的跨制度现代化尝试。显然，这使得深圳的社会主义现代化发展有别于其他地区。

另外，值得注意的是，虽然高质量发展主要是围绕经济发展展开的，但是在常见的经济发展评价指标中并没有得以体现，例如国内生产总值增长率、劳动生产率增长率等。这说明社会主义现代化的发展与资本主义现代化的发展有逻辑上的区别，不仅是强调质量的提升，更重要的是突出整体性和动态性。高质量发展是深圳在当前发展阶段的核心需求，却是动态变化的。传统的评价指标可以在某种程度上反映一个地区经济发展的概况，但远远不能抓住其发展的核心矛盾。以现代产业体系的发展为例，深圳的现代化发展强调对新产业、新业态和数字经济的关注，因为这是未来数十年的发展方向，并以此来评价高质量发展的水平；但20多年后的深圳，一定有新的产业和业态代表高质量发展，这也充分体现了指标体系的时代性和动态性。

（2）法治城市，涉及民主法治、政府管理和服务、社会治理现代化等三个方面。

将法治城市作为评价社会主义现代化的战略目标具有鲜明的社会主义特征。目前国际上已有的评价城市发展的指标体系中鲜有涉及法治的内容，这主要有两个原因：一方面，现有的评价指标体系大多由发达国家的研究机构提出，基本上是基于发达国家的国情和需要来构建的。而对于发达国家而言，其法治建设已相对成熟，更重要的是相对固化，基本不存在什么变化和发展，因而没有评价的必要。另一方面，法治在发达国家有一套固定的话语体系和制度设计，虽然在具体呈现上各国有一定的差异，但其本质和内涵是接近的，因此进行跨国比较的价值并不大。然而，对发展中国家而言，法治建设是一个正在进行且非常关键的内容，更是城市发展的一项核心基础设施，将其纳入指标体系更有利于评价发展中国家城市的现代化水平。另外，在社会主义现代化的法治城市评价中，本书中探讨的观点不仅涉及人们普遍关注的民主法治建设，更涉及政府管理与社会治理的现代化，即更强调的是政府的治理能力和水平。这也是发展中国家的城市发展中非常核心的竞争力。

（3）现代城市文明，涉及城市精神文明、文化产业和旅游产业两个方面。

这充分体现了社会主义现代化的内在要求，即将城市精神文明作为评价现代城市文明的核心内容，涉及公共文化服务、公共文化设施和文化遗产保护等内容。这些内容区别于已有的城市发展指标体系的社会保障内容，而将社会主义核心价值观融入公共文化中来评价，旨在体现中国传统文化在城市现代化发展中应发挥的内在作用。另外，对于文化产业和旅游产业的评价，在某种程度上也区别于目前已有的通用类评价指标，更强调本土文化对创新文化产业的"加持"以及由此引起的外在效应，突出本土文化产业化对港澳的辐射。

（4）民生幸福，涉及教育、医疗和社会保障三个方面。

民生是评价城市现代化的重要内容，也是当前国际通用的指标体系的关注重点。在现有的指标体系中，民生一般涉及教育、医疗和社会保障，其内容与发达国家并无根本的差别。也可以这么说，在这些涉及民生福祉的部分，发达国家在很多方面是领先的，也有很多经验值得我国借鉴和学习。从理念上来说，社会主义现代化中的民生幸福与西方社会福利的根本区别在于对"幸福"的解读：我国更强调从人民的视角出发，关注个体主观感知的幸福，这是动态变化的；与此相对，福利社会更强调一种绝对的福利标准。可以看到，社会主义现代化的民生幸福更全面和系统，涉及生活的各个方面；与之相对，西方福利社会涉及的内容是相对有限的，因为很多社会功能已经被资本化，并按市场规律运作。

（5）可持续发展，涉及生态文明制度、生态系统保护和修复（自然资源管理制度）、城市灾害防治和应急管理、绿色低碳循环发展的经济体系、节水型城市等五个方面。

对可持续发展的追求充分体现了社会主义现代化的内在要求，即推进生态文明建设。生态文明是社会主义现代化的五大支柱之一，不仅是指生态环境保护，更是一种新的人与自然的关系，应将其融入城市发展的评价中，而不再把经济发展作为唯一的评价指标。

2. 指标的国内国际通用性和本土特征

中国作为社会主义国家，其社会主义现代化的基本实现，毫无疑问具有鲜明的中国特色。从以上对深圳战略定位及其具体内容的分析来看，面向深圳的社会主义现代化建设的评价指标具有非常鲜明的中国特色、地方特色。

作为最大的发展中国家，我国正经历世界历史上最快速的城市化和工业化，我国的现代化经验将为其他发展中国家的城市化和现代化发展提供西方世界以外的模式和样板。因此，社会主义现代指标体系的设计应该具有普遍适用性，充分对接国际现代化的标准和规则。例如全球城市实力指数、全球城市指数等。

因此，本章在指标的选取上注重平衡指标的本土特征和国际通用性，即如何在充分反映中国特色社会主义现代化发展目标的前提下，对接国际评价方式和标准，确保评价结果被国际接受和认可。本章将整合中国和国际城市现代化发展评价中相通的指标，并将其作为深圳社会主义现代化的核心指标。与此同时，单独列出中国特色社会主义现代化目标中不同于国际评价方式的指标，作为反映中国特色现代化发展特征的指数。

在框架设计方面，这里将社会主义现代化的评价体系分成两个部分：一是国内国际通用指标，二是本土指标。关于通用指标，本书将以"十四五"时期经济社会发展的主要指标，即以五大类20个指标为基础，结合全球城市实力指数等在国际上被广泛认可的城市发展评价指标，提出一套通用的指标体系，以跨国进行城市间的比较。另外，涉及地方特色的指标，更多的是采取定性评价的方式展开。因此，最终目的不仅仅是进行城市间的横向比较，更多的是呈现每个城市的发展阶段和特征，以期更全面地了解每个城市现代化的阶段和不同的发展路径。

3. 社会主义现代化的指标体系

这里将社会主义现代化的评价体系分为两个部分，包括社会主义现代化的通用指标体系和城市现代化的本土指标体系。

（1）对于城市现代化的通用指标体系，本章采用三层分级设计，第一层是战略目标层，第二层是战略执行层，第三层是执行评价层（即选取可获得的定量或定性数据）。

战略目标层包括五个方面，即经济发展、创新驱动、民生福祉、文化交流和绿色生态。战略执行层和执行评价层的具体指标选取主要基于一个核心原则，即该指标既能反映深圳的本土发展情况（即便过去对某些指标没有进行常规的测算），也能被西方主流社会理解和接受。因此，指标的选取需要尽可能同时满足国内与国际通用评价方法的要求。另外，考虑到城市间人口规模、经济水平、社会结构等的根本差异，用一套指标体系无法进行不同类型的城市间的比较，因此后文中设计的通用指标体系只针对常住人口超过 1000 万的超大城市。这也有利于未来基于深圳在诸多领域的改革和实践，建立超大城市现代化建设和可持续发展的"深圳规则"。

面向超大城市，结合"十四五"时期经济社会发展的主要指标和全球城市实力指数等国际社会广泛接受的指标体系，提出以下城市现代化的通用指标体系（见表 2-1 ~ 表 2-5）。

表 2-1　超大城市现代化的通用指标体系—经济发展

战略目标	战略执行	执行评价	指标选取来源
经济发展	市场规模	生产总值	全球城市实力指数、《世界最佳城市报告》
		人均生产总值	全球城市实力指数、《世界最佳城市报告》
	市场吸引力	生产总值增长率	"十四五"时期经济社会发展的主要指标、全球城市实力指数、《世界最佳城市报告》
		全员劳动生产率增长率	"十四五"时期经济社会发展的主要指标
		人口净流入	—
		资本净流入	全球城市指数、《世界最佳城市报告》
	商业环境	平均工资水平	全球城市实力指数、《世界最佳城市报告》

战略目标	战略执行	执行评价	指标选取来源
经济发展	商业环境	高技能人才数量	全球城市实力指数、全球城市指数、创新城市指数（ICI）、《世界最佳城市报告》
		企业平均税率	全球城市实力指数、《世界最佳城市报告》

表2-2　超大城市现代化的通用指标体系——创新驱动

战略目标	战略执行	执行评价	指标选取来源
创新驱动	研究资源	研究人员数量	全球城市实力指数、全球城市指数、创新城市指数、《世界最佳城市报告》
		世界一流大学数量	全球城市实力指数、创新城市指数、《世界最佳城市报告》
	研究环境	研发经费投入	"十四五"时期经济社会发展的主要指标、全球城市实力指数、创新城市指数、《世界最佳城市报告》
		国际留学生数量	全球城市实力指数、创新城市指数、《世界最佳城市报告》
	创新能力	专利申请／授权数量	"十四五"时期经济社会发展的主要指标、全球城市实力指数、创新城市指数、《世界最佳城市报告》

续表

战略目标	战略执行	执行评价	指标选取来源
创新驱动	创新能力	主要科学技术奖获得者数量	全球城市实力指数、创新城市指数、《世界最佳城市报告》
		科技型初创企业数量	全球城市实力指数、创新城市指数、《世界最佳城市报告》

表 2-3　超大城市现代化的通用指标体系——民生福祉

战略目标	战略执行	执行评价	指标选取来源
民生福祉	居民生活水平	居民人均可支配收入增长率	"十四五"时期经济社会发展的主要指标
		劳动年龄人口平均受教育年限	"十四五"时期经济社会发展的主要指标
		人均预期寿命	"十四五"时期经济社会发展的主要指标、全球城市实力指数、城市生活质量排名、安全城市指数（SCI）
	工作环境	失业率	"十四五"时期经济社会发展的主要指标、全球城市实力指数、《世界最佳城市报告》、安全城市指数
		平均工作时长	全球城市实力指数、《世界最佳城市报告》、城市生活质量排名

战略目标	战略执行	执行评价	指标选取来源
民生福祉	工作环境	工作的灵活性	全球城市实力指数、《世界最佳城市报告》、城市生活质量排名
	生活环境	商品房销售平均价格	—
		房屋租赁平均价格	全球城市实力指数、《世界最佳城市报告》、城市生活质量排名
		物价水平	全球城市实力指数、《世界最佳城市报告》、城市生活质量排名
	安全与治安	凶杀案件数	全球城市实力指数、《世界最佳城市报告》、城市生活质量排名、安全城市指数
		自然灾害的经济风险	全球城市实力指数、《世界最佳城市报告》、居住质量城市排名、安全城市指数
	医疗资源	执业医师数量	"十四五"时期经济社会发展的主要指标、全球城市实力指数、《世界最佳城市报告》、城市生活质量排名、安全城市指数
		重症监护病房数量	全球城市实力指数、《世界最佳城市报告》、城市生活质量排名、安全城市指数
	养老托育资源	基本养老保险参保率	"十四五"时期经济社会发展的主要指标
		3岁以下婴幼儿托位数	"十四五"时期经济社会发展的主要指标

表2-4 超大城市现代化的通用指标体系——文化交流

战略目标	战略执行	执行评价	指标选取来源
文化交流	旅游观光资源	旅游吸引力	全球城市实力指数、《世界最佳城市报告》
		世界文化遗产数量	全球城市实力指数、《世界最佳城市报告》
		文化创意展会/活动数量	全球城市实力指数、全球城市指数、《世界最佳城市报告》
	文化旅游设施	剧院数量	全球城市实力指数、全球城市指数、《世界最佳城市报告》
		博物馆和美术馆数量	全球城市实力指数、全球城市指数、《世界最佳城市报告》
		体育馆数量	全球城市实力指数、全球城市指数、《世界最佳城市报告》
	游客设施	酒店客房数量	全球城市实力指数、《世界最佳城市报告》
		购物吸引力	全球城市实力指数、《世界最佳城市报告》
		餐饮吸引力	全球城市实力指数、《世界最佳城市报告》
	国际交流	常住外国人数量	全球城市实力指数、《世界最佳城市报告》
		国际访客数量	全球城市实力指数、《世界最佳城市报告》

表 2-5　超大城市现代化的通用指标体系——绿色生态

战略目标	战略执行	执行评价	指标选取来源
绿色生态	可持续发展	单位国内生产总值二氧化碳降低比重	"十四五"时期经济社会发展的主要指标
		单位国内生产总值能源消耗降低比重	"十四五"时期经济社会发展的主要指标
		可再生能源占比	全球城市实力指数、《世界最佳城市报告》
		水资源循环利用比重	全球城市实力指数、《世界最佳城市报告》
	城市环境	空气质量	"十四五"时期经济社会发展的主要指标、全球城市实力指数、《世界最佳城市报告》、城市生活质量排名、安全城市指数
		水体质量	"十四五"时期经济社会发展的主要指标、全球城市实力指数、《世界最佳城市报告》、城市生活质量排名、安全城市指数
		城市卫生水平	全球城市实力指数、《世界最佳城市报告》、城市生活质量排名
		森林覆盖率	"十四五"时期经济社会发展的主要指标、全球城市实力指数、《世界最佳城市报告》、城市生活质量排名
		城市绿化率	全球城市实力指数、《世界最佳城市报告》、城市生活质量排名

（2）社会主义现代化的本土指标体系更多的是用于反映一个城市特有的现代化发展路径，特别是围绕建设社会主义城市的一些特殊要求。

这里基于前文提到的针对深圳社会主义现代化发展评价框架，设计深圳社会主义现代化的本土指标体系（见表 2-6 ~ 表 2-10）。

表 2-6　深圳社会主义现代化的本土指标体系——高质量发展

战略目标	关键领域	核心内容	评价指标
高质量发展	创新驱动	产学研深度融合	产学研合作项目数量
			产学研项目资金投入
			产学研项目专利授权量
		知识产权证券化	知识产权金融产品数量
			知识产权金融产品资金规模
			知识产权和科技成果产权交易中心数量
		境外人才引进和出入境管理制度	境外人才数量
			专项境外人才引进政策数量
	现代产业体系	战略性新兴产业	战略性新兴产业增加值
			产业集群数量
			独角兽企业数量
		数字经济	数字经济规模
			数字经济增加值
			独角兽企业数量
		金融服务实体经济能力	对实体经济发放贷款金额
			制造业中长期贷款金额
			对小微企业贷款金额
		数字货币	用户规模
			交易规模
		港澳金融市场互联互通	跨境理财产品规模
			跨境公募基金规模

续表

战略目标	关键领域	核心内容	评价指标
高质量发展	全面深化改革开放	社会主义市场经济改革	完善产权制度专项政策数量
			规范市场准入专项政策数量
			优化要素市场化配置专项政策数量
			反垄断、反不正当竞争执法立案数量
		区域性国资国企综合改革	混合所有制改革项目数量
		区域性国资国企综合改革	市属企业总资产
			世界 500 强企业数量
		自由贸易试验区	自由贸易试验区数量
			外商投资总额
			跨境税收优惠总额
			跨境人民币结算总额
			境外人才数量
		全球海洋中心城市	海洋经济规模
			海洋专业人才数量
			海洋科技教育研究机构数量
	粤港澳大湾区建设	前海深港现代服务业合作区	现代服务业规模
			现代服务业标准设定数量
			深港服务贸易规模
			港澳金融机构数量
			港澳律师事务所数量
		河套深港科技创新合作区	新注册科技企业数量
			专利申请量和授权量
			政府配套资金总额
		深圳都市圈	深莞惠轨道交通新建长度
			深莞惠合作专项政策数量

表 2-7　深圳社会主义现代化的本土指标体系——法治城市

战略目标	关键领域	核心内容	评价指标
法治城市	民主法治建设	经济特区立法权	立法数量
		法治政府	法治创新成果数量
			法治建设专项政策数量
	政府管理和服务	政企沟通机制	政企沟通平台/渠道数量
			政府反馈平均时间
			政企对话次数
		"数字政府"改革建设	数字政府建设公共投入
			政务服务线上办理比重
	社会治理现代化	社会信用体系	社会信用立法数量
			社会信用体系建设公共投入
			诚信缺失专项治理行动数量
		智慧城市	新型基础设施公共投入
			粤港澳大湾区大数据中心建设公共投入
			深圳—新加坡智慧城市合作示范区公共投入

表 2-8　深圳社会主义现代化的本土指标体系——现代城市文明

战略目标	关键领域	核心内容	评价指标
现代城市文明	城市精神文明	城市文化	"十分钟文化圈"数量
			原创文艺作品数量
		跨界重大文化遗产保护	粤港澳合作文化遗产保护项目数量
			文化遗产展览和展演数量

续表

战略目标	关键领域	核心内容	评价指标
现代城市文明	文化产业和旅游产业	数字文化产业和创意文化产业	数字创意产业规模
			原创品牌和精品 IP（知识产权）数量
		国际邮轮港	邮轮旅游产业规模
			出入境邮轮游客数量

表 2-9　深圳社会主义现代化的本土指标体系——民生幸福

战略目标	关键领域	核心内容	评价指标
民生幸福	教育	基础教育综合改革	新增基础教育学位
			大学区制改革覆盖程度
		高等学校	中外合作大学数量
			世界一流研究型大学数量
		职业教育	职业教育学校数量
			产教融合型企业数量
	医疗	整合型优质医疗服务体系	三甲医院数量
			社康机构数量
			15 分钟健康服务圈覆盖程度
		优质医疗卫生资源供给（港资、澳资医疗机构）	港资、澳资医疗机构数量
		与国际接轨的医学人才培养	深港医学教育项目数量
	社会保障	养老服务体系	社区长者服务站点覆盖率
		保障性住房	新增保障性住房数量

表 2-10　深圳社会主义现代化的本土指标体系——可持续发展

战略目标	关键领域	核心内容	评价指标
可持续发展	生态文明制度（生态系统保护和修复）	生态环境保护制度	生态环境保护立法数量
			生态环境保护专项政策数量
			生态环境综合执法案件数量
	城市灾害防治和应急管理	自然资源管理制度	自然资源管理立法数量
			自然资源管理专项政策数量
	绿色发展新格局	绿色低碳循环发展的经济体系	可再生能源产业规模
			循环经济规模
			新能源汽车产业规模
			绿色低碳投融资规模
		节水型城市	节水型城市专项政策数量
			节水型城市公共投入

　　针对深圳社会主义现代化的本土指标体系，在设置中可能具备以下三个方面的特点：

　　一是突出特殊性、淡化普遍性，即该指标体系的内容和评价指标很大程度上只适用于深圳。例如，现代产业体系中的"港澳金融市场互联互通"是深圳金融市场现代化的一个鲜明特征。因此，该指标体系无法用于深圳与其他城市进行比较，只能用于对深圳历史数据的比较，以评价深圳在不同领域的发展状况和动态变化。

　　二是抓大放小，即该指标体系对每个关键领域中核心内容的评价强调关键指标，不追求综合性和系统性。这主要是考虑到以下两个方面：一方面是任何一项核心内容本身都构成一个复杂的评价体系，全部纳入会导致指标体系过于庞杂；另一方面是不同领域和内容存在一定的重叠，追求每项内容的综合性将影响评价指标总体的科学性。

三是强调评价体系的结构性，旨在通过对宏观内容的层层分解和剖析，提供系统的框架。虽然在评价指标的选择上都采用可以量化的指标，但是对该评价体系的量化测算反而可能导致最终结果不够科学。因为不同指标之间存在不可避免的重复或者概念重叠，会导致最终测算结果有较大偏差，所以该指标体系的构建更多是为了给政策决策者提供一个完整和系统的视角来看待社会主义现代化涵盖的方方面面的内容，并为总体战略目标的任务划分和政策执行提供清晰的路径。

四、深圳现代化建设的城市参照体系

建立国内国际一线城市的参照体系，有利于客观地评价深圳现代化建设水平，可以准确地理解深圳与世界一流水平的差距，从而明确各项工作的前进目标。城市参照体系的建立可以分为两个层次：第一个层次是选择一些处于国际一流水平的"全能冠军"城市，作为评价深圳整体现代化水平的参照城市；第二个层次是选择一些在某一具体指标上的"单项冠军"城市，以便了解这些城市发展的先进经验和理念，为评估深圳的具体工作提供参照。

1. "全能冠军" 城市参照系的选择

2021 年的全球城市实力指数报告中列举了全球排名前四十八的城市，伦敦、纽约、东京、巴黎、新加坡[①]分列前五名，上海名列第十，北京名列第十七，深圳榜上无名。2021 年的全球城市指数报告中，排在前三十位的中国城市有四个——北京、台北、深圳和上海，其中深圳排名第二十六。

城市的面积、人口规模会在很大程度上影响城市的发展战略。在一些国际排名中，西方一些人口规模较小、人口密度低的城市和深圳这种超大城市不具有可比性。对深圳有参考价值的"全能冠军"城市参照系的选择，应当考虑现代化水平高、人口规模大的超大城市或者特大城市。

综上考虑，深圳社会主义现代化建设的境内参照城市可以选择北京、上海、广州等人口在 1000 万以上的一线城市，以及人口 700 多万的香港；考虑到欧美国家人口总数少、存在"逆城市化"现象，境外参照城市的选择可以将人口标准放宽到 500 万左右的发达经济体的大城市，如纽约、东京、伦敦、洛杉矶、巴黎、新加坡。这些城市代表了国内外城市现代化的最高水平，可以作为深圳现代化建设的当前参考标准。对这些城市的监测，可以使得政策制定者大致了解世界一线城市的发展水平，并确定努力的方向。表 2-11 显示了这些城市的一些基本情况，大多数经济发展水平比深圳高，可以成为深圳借鉴的案例。其中，纽约、东京的人口密度较大，是深圳学习城市管理的重要标杆。

[①] 在做比较分析时，本书按照行业惯例，收录、研究了新加坡和中国香港的相关情况。

表 2-11　深圳及其参照城市的基本情况

地区	面积 （平方千米）	常住人口 （万）	人口密度 （人/平方千米）	2021年 人均地区生产总值
深圳	1997.47	1756.01	8791	约 2.70 万美元 （17.42 万元）
北京	16410	2189.31	1334	约 2.89 万美元 （18.64 万元）
上海	6340.5	2487.09	3923	约 2.72 万美元 （17.54 万元）
广州	7434.4	1867.66	2512	约 2.34 万美元 （15.09 万元）
香港	1114.57	747.42	6755	约 4.92 万美元
纽约	778.2	880.42	11314	约 9.34 万美元
东京	2194.07	1404.3	6400	约 7.33 万美元
伦敦	1571.9	900.24	5727	约 7.17 万美元 *
洛杉矶	1214.9	389.87	3209	约 7.20 万美元
巴黎	814	720	8845	约 8.03 万美元
新加坡	735.2	545	7486	约 7.28 万美元

注：1. 上表中国内常住人口数据来自第七次全国人口普查公报。

　　2. 纽约指纽约都市区，巴黎指巴黎都市区。

　　3. 国内城市 2021 年人均地区生产总值大致按照 1 美元 =6.45 元人民币换算。

*4. 国外城市人均地区生产总值根据公开数据整理，其中伦敦 2021 年的数据暂缺，上表中采用的是 2020 年的数据。

对这些城市的部分关键指标的量化比较和定量分析，有助于客观地衡量深圳与世界一流水平的差距，为整体工作部署明确方向。

2."单项冠军"城市参照系的选择

在某些具体指标的衡量上，深圳可以关注和研究一些全球标杆城市，以准确了解深圳在现代化建设的各项具体指标上和世界一流水平的差距。但需要注意的是，深圳不可能在各个方面都达到世界一流水平，要坚持"有所为、有所不为"的原则，突出政府工作的重点方向和城市发展的关键领域，对一些关键指标进行常态化的监测，以了解城市发展在具体工作上的进程。

在国际上，很多知名的研究机构和咨询公司常年对全球范围内的世界重点城市进行评价和排名，内容涉及经济、政府治理、文化、社会、环境等各个方面，可以为政府的评价工作提供参考。比如，一些指标体系比较突出城市的某方面实力：全球城市指数比较突出城市的营商环境，重点测算资本和人力资源的相关数据，以及政府治理的水平；创新城市指数重点评价城市的创新能力和潜力；美世咨询（Mercer）发布的城市生活质量排名侧重于从地理位置、居住环境、基础设施等方面评价城市居民的居住质量；《经济学人》（*The Economist*）发布的安全城市指数则侧重于城市及其居民在不同方向的安全问题，包括数据安全、健康安全、基础设施安全、个人安全和环境安全。又如奥纬咨询（The Oliver Wyman Forum）发布的全球城市人工智能准程度指数追踪全球主要城市在人工智能发展上的政府政策效率、前景规划、研发能力等，北京、深圳和杭州皆榜上有名，这些城市在政府政策效率和前景规划上得分都名列前茅，但是在产业界、科研机构和政府的协作上得分较低，也侧面指向了政府未来应努力的方向。表 2-12列举了深圳在一些指标体系中的排名情况，可以作为政府部门持续关注的重点。

表2-12　重要单一指标的第三方排名情况

指标体系	机构名称	主要指标	深圳排名
营商环境指数	哈德逊投资移民咨询	营商环境指数、经济自由度、创新指数、全球竞争力	2018 年，深圳在全球 150 个城市中排名 76
《全球城市竞争力报告》	联合国人居署和中国社科院财经战略研究院	城市经济竞争力和可持续竞争力	2019 年，深圳在全球 200 个城市中排名 19
自然指数	自然科研（Nature Portfolio）	城市在地的科学家和科研机构在《自然》(Nature) 及其子刊上发表文章的情况	2022 年，深圳在全球 200 个城市中排名 28
国际科技中心指数	清华大学产业发展与环境治理研究中心	科创人才、科研机构、创新企业、创新生态等的综合排名	2021 年，粤港澳大湾区（含深圳）全球排名 27
城市宜居指数	《经济学人》杂志	城市环境、家庭收入、交通便捷、生活成本等	2021 年，深圳全球排名 81
城市生活成本调查	美世咨询	生活成本	2023 年，深圳全球排名第 10
智慧城市排名	瑞士洛桑国际管理学院	民众对科技运用在安全、卫生、交通、活动和公共治理中满意度的调查	2023 年，深圳全球排名 66
人工智能准备程度指数（Global Cities AI Readiness Index）	奥纬咨询	城市内人工智能相关的研究、发展潜力、政府政策、营商环境的综合排名	2023 年，深圳全球排名第 8

对一些不容易量化的关键指标，深圳也可以借助其他评价方法。比如自我评价可以在政府组织内部开展，对政府开支、重点项目及其进度进行自我评估，以明确年度工作是否完成既定目标。一些政府工作也可以通过社会调查来了解民意，把居民的满意度作为衡量政府工作的重要指标。政府还可以在各项具体工作中开展专家评估，由技术专家、学者、企业家等专业人士组成的专业评估委员会来主导评估过程，对一些专业化程度高的领域（比如特定领域的科技创新水平、产业政策的效果等）进行专业评估，并提出专业意见，为下一阶段的政府工作提供参考。这些都是政府值得尝试的方法。

五、整体差距和可提升领域

本书根据"五位一体"总体布局，结合国际通用的城市现代化评价体系和深圳的城市特色，设计了评价深圳社会主义现代化的指标体系。本节选取了一些核心指标，对深圳及其参考城市进行多方位的比较，以明确深圳社会主义现代化的整体差距和可提升领域。

1. 经济发展

深圳 2035 年远景目标明确指出，深圳经济总量（2020 年约 2.77 万亿元）、人均地区生产总值（2020 年约 15.76 万元，约 2.28 万美元）在 2020 年基础上翻一番，也就是达到总量至少 5.5 万亿元、人均地区生产总值约 31 万元（考虑到汇率变动，大致 4.5

万～4.8 万美元）。但是经济总量目标的制定也应当考虑以下几点：

——深圳人口规模扩张的可能性。如果到 2035 年深圳人口规模达到目前规划的预期（1900 万），要实现 2035 年人均地区生产总值达到 31 万元的水平，那么深圳 2035 年的经济总量目标应该为 5.89 万亿元，复合年均增长率应该保持在 5.54% 的水平。

——除了考虑绝对值，经济水平的相对排名也很有参考价值。2023 年之前，北京、上海、广州的人均地区生产总值在 2 万～3 万美元之间，中国香港在 4.5 万～5 万美元之间，其他国家参照城市的人均地区生产总值多数在 7 万～9 万美元之间。上述数据表明深圳人均地区生产总值大约为纽约、伦敦、巴黎、新加坡等城市的三分之一，中国香港的一半到三分之二之间，2035 年这一比例应当适当缩小。笼统地说，深圳人均地区生产总值要努力达到纽约、伦敦等城市人均地区生产总值的一半。

——另外一个重要参考是亚洲"四小龙"之一的中国台湾，其人均地区生产总值在 2021 年和 2022 年分别为 3.278 万美元和 3.281 万美元。中国台湾总人口在 2023 年初约为 2334 万，和深圳大致处在同一体量上。因此，从战略意义上讲，深圳应当努力使其人均地区生产总值在 2030 年前超越台湾。

经济总量和人均地区生产总值并不能完全反映区域经济发展

的质量。在指标体系中，高质量发展同样含有研发、产业等指标或要素。在这方面，深圳也应该明确与世界一流水平的差距，确定行动目标。以下主要指标可以指明政府政策的方向：

在科研经费上，根据 2018 年《深圳市关于加强基础科学研究的实施办法》确定的目标，深圳全社会研发投入要在 2022 年达到国内生产总值比重的 4.28%，2025 年为 4.5%，2035 年为 6%，在同样的阶段上实现基础研究经费占全社会研发经费的比重分别达4.1%、5.0% 和 10%。据此，深圳市的科研经费总量要在 2035 年达到 3300 亿～3500 亿元，以 2020 年 1510.81 亿元为基准的话，深圳市科研经费的复合年均增长率应当维持在 5.74%～6.18% 的水平，才能实现目标。

在产业发展方面，深圳计划在 2035 年实现战略性新兴产业增加值占国内生产总值比重达 45.7%，即 2.5 万亿～2.69 万亿元。同样以 2021 年 1.21 万亿元为基准，在相关统计口径不变的情况下，深圳市战略性新兴产业增加值的复合年均增长率应为 5.32%～5.87%。

从自然指数（Nature Index）和科创风投金额来看，在深圳的10 个参照城市里，纽约创新能力最强，拥有自然指数世界科研机构排名前 200 名中的 8 个，以及软科世界大学学术排名（ARWU）前 200 名中的 7 所；洛杉矶的风投总额最大，达到 81 亿美元。从平均值来看，这些参照城市平均拥有 3.8 个世界一流科研机构、3.1 所世界一流大学，风投规模约为 22.6 亿美元。（见表 2-13）从这个角度讲，深圳的基础科研能力还需要不断提升，至少要拥有1～2 所世界一流大学（全球排名前 200），科创企业的融资要达到10 亿美元。

表 2-13　深圳及其参照城市的科研机构、
大学数量和科创风投的总额

地区	2021 年自然指数 世界科研机构排 名前 200 的数量	2021 年软科世界 大学学术排名前 200 的数量	2015—2017 年 科创风投金额 （单位：十万美元）
深圳	2	0	4286
北京	7	3	72819
上海	6	2	23838
广州	1	2	1590
香港	4	4	2241
纽约	8	7	33763
东京	2	2	3065
伦敦	3	4	15649
洛杉矶	3	3	81808
巴黎	4	4	4577
新加坡	2	3	4719

注：上表根据全球科创城市（Global Startup City）排名、2021 年自然指数世界科研机构排名、2021 年软科世界大学学术排名整理，其中洛杉矶指包括长滩、阿纳海姆在内的洛杉矶都会区。

2. 市场化、法治化、国际化的营商环境建设

2021 年 5 月 25 日，中央全面依法治国委员会印发《关于支持深圳建设中国特色社会主义法治先行示范城市的意见》，部署了"七个率先"和保障措施共计 23 项任务，涵盖地方法治体系建设、法治政府建设、普法、营商环境、社会治理、涉外交流合作等方面。

营商环境是深圳建设法治城市示范的重点之一，也是经济实现高质量发展的重要保障。整体上看，近年来深圳的营商环境有

了很大的改善。比如，科尔尼全球城市综合排名比较注重城市对
全球资本、技术、人才和创意的吸引力，其发布的《2022 年全球
城市指数报告》可以大致用来对深圳营商环境进行评估。报告显
示，深圳近年来的世界城市排名略有上升，从 2017 年的第八十名
上升为第七十三名；城市发展前景排名上升迅速，从 2017 年的第
四十九名上升为 2022 年的第十五名。(见表 2-14)报告特别提到，
深圳 2011 年以来实施的"孔雀计划"——在全球范围内吸引优秀
的人才来深工作，一方面提高了城市的人力资源水平，另一方面
具有很大的开创性和指向性意义——向世界展示了一个开放、包
容、惜才重才的城市形象。鉴于报告比较重视城市的国际化水平，
深圳应当持续推动城市对外开放，吸引更多的国际人才和资本，
提升城市的国际化水平。

表 2-14　深圳及其参照城市在全球城市指数报告的排名情况

地区	2022 年		2019 年		2017 年	
	城市排名	发展前景排名	城市排名	发展前景排名	城市排名	发展前景排名
深圳	73	15	79	49	80	49
北京	5	27	9	39	9	45
上海	16	30	19	51	19	61
广州	56	26	71	65	71	56
香港	10	54	5	52	5	54
纽约	1	6	1	24	1	2
东京	4	25	4	6	4	23
伦敦	2	1	2	1	2	4
洛杉矶	6	55	7	3	8	1

续表

地区	2022 年		2019 年		2017 年	
	城市排名	发展前景排名	城市排名	发展前景排名	城市排名	发展前景排名
巴黎	3	2	3	5	3	3
新加坡	9	20	6	2	6	11

注：资料来源于科尔尼《2022 年全球城市指数报告》。

　　制约深圳全球营商环境排名的重要因素如下：第一，城市的国际化水平。突出表现为在深工作的外国人和港澳台籍人数较少。深圳常住外国人约占总人口 0.1%。[①] 相比之下，2021 年外国人在上海工作就业的数量为 21.5 万，占全国的 23.7%；在北京的数量约 20 万，在沪、在京工作的外国人都分别约占上海、北京人口总量的 1%。在国际一线城市，如伦敦、纽约等城市的外国人占所在城市总人口的比重都在 10% 以上，这一比例在东京约为 3%，在香港约为 5%，在巴黎约为 17%。在新加坡，由于劳动力缺乏，加上开放的国际环境，外国人占总人口的比例高达 25% ～ 30%。第二，企业税负。受国家整体状况影响，普华永道的《2020 年世界纳税报告》[②] 显示，中国的税负水平为 59.2%，在 189 个国家或地区中排名一百零五，属于较高税负的国家，高于世界平均水平（40.5%）和美国的水平（36.6%）。深圳如何利用先行先试的政策支持，推行税制改革，切实降低企业和个人的税负水平，对于提升深圳的国际竞争力至关重要。第三，政府治理水平。深圳的整体治理水平在全国属于领先水平，但在一些核心指标上与国际一

---

① 在深工作的外国人的最新数据暂缺。
② 本书截至完稿，普华永道暂未发布更新的报告。

线城市相比仍有差距。在 2020 年全球智慧城市政府排名中，深圳名列第二十五位，在对"智慧政府"的政策扶持力度和预算上得分较少，尚有较大的进步空间（见表 2-15）。

表 2-15　深圳及其参照城市的全球智慧城市政府排名

地区	世界排名	政策环境得分（满分 5）	预算得分（满分 5）	人才准备得分（满分 5）	创新生态系统得分（满分 5）
深圳	25	1.1	1.1	3	2
北京	15	2.1	3	3.1	2.9
上海	8	2.1	2.1	3	3
广州	36	2	2	3	2
香港	41	1.9	3	2.9	1
纽约	6	2.9	3	3	3
东京	22	2	3	2	3
伦敦	3	3	3	4	3
洛杉矶	40	2	2	2.9	2.9
新加坡	1	3.9	3	4	3.9

注：资料来源于 2020 年全球智慧城市政府排名。

3. 民生幸福

评价体系中列举了很多涉及民生幸福的指标，这也是充分体现深圳现代化建设的社会主义属性的关键。以联合国开发计划署公布的人类发展指数为例，深圳在 2019 年度《中国人类发展报告特别版》[1] 中得分为 0.845，位居全国第一，相当于全球国家排名中

---

[1] 截至完稿，联合国开发计划署没有公布更新的关于中国的特别报告。

第四十三位文莱的水平。深圳要在 2035 年达到世界排名前二十的发达国家的基本水平，例如，人均期望寿命要达到 84.5 岁，深圳 2021 年人均期望寿命为 83.73 岁；人均受教育年限要达到 15 年，深圳 2020 年人均受教育年限为 11.86 年；每千人床位数和医师数分别达到 7 张和 5 人，深圳 2022 年每千人床位数和医师数分别为 3.72 张和 2.67 人。

习近平总书记 2021 年 8 月 17 日在中央财经委员会第十次会议上强调指出："共同富裕是社会主义的本质要求，是中国式现代化的重要特征。我们说的共同富裕是全体人民共同富裕，是人民群众物质生活和精神生活都富裕，不是少数人的富裕，也不是整齐划一的平均主义。"① 深圳如何正确处理效率和公平的关系，在高质量发展中促进共同富裕，是建设民生幸福的标杆城市的关键，尤其需要重视以下问题：

（1）从劳动者报酬占国内生产总值的比重来看，这对于实现公平的初次分配至关重要。

发达经济体的劳动力价格一般都很高，劳动者报酬占国内生产总值的比重，反映了生产过程中受雇者的工资和其他社会福利占整个国家国内生产总值的水平，相对应的是资本报酬。

根据世界劳工组织提供的数据，该比例在发达国家普遍在 55% ~ 65% 之间；瑞典在 2017 年排名第一，劳动报酬占整个国内生产总值的 70.7%；美国整体趋势在下降，但在 2017 年依旧达到 58.6%；中国香港为 54%，在 195 个国家和地区中排名第五十；

---

① 习近平《扎实推动共同富裕》，《求是》2021 年第 20 期，《习近平谈治国理政》第四卷第 142 页。

日本、新加坡、中国台湾等基本维持在 50% ~ 60% 的水平。实证研究表明：经济发展成果的劳动分享是影响经济可持续增长的重要因素，劳动收入份额越高，对经济增长的影响越大，经济增长速度越快；劳动报酬份额与基尼系数成反比，即劳动报酬的提高有利于缩小收入差距；劳动收入份额低于 50% 且呈现下降趋势的国家和地区，则未能实现从中等收入到高收入阶段的跨越。

从一些资料可以间接了解深圳在上述指标上的表现，从而进一步理解深圳和发达经济体的对标城市的差距：比如，深圳 2020 年城镇单位在岗职工工资总额为 6805 亿元，占地区生产总值的 24.6%；根据 2014 年广东省统计局的估算，居民收入、企业收入和政府收入呈现"五三二"的分配格局。

而根据《浙江高质量发展建设共同富裕示范区实施方案（2021—2025 年）》，到 2025 年浙江省在岗职工劳动报酬占地区生产总值的比重要超过 50%。

考虑到产业结构的不同，制造业发达的地区在岗职工劳动报酬比重较高，高度资本化的产业结构会导致劳动报酬比重较低，深圳未来的劳动报酬比重可能会低于浙江，但是应当高于香港。综合以上分析，深圳在 2025—2030 年之间在岗职工劳动报酬占地区生产总值的比重超过 50%、2035 年该比重超过香港，是比较稳妥和现实的目标，应当努力实现。

（2）从分配结构来看，2021 年中央财经委员会第十次会议明确提出，要努力形成中间大、两头小的橄榄型分配结构。

从全球视域看，世界上许多发达国家基本已经形成橄榄型分配结构。瑞信研究院的报告显示，早在 2015 年，澳大利亚中等收

入群体就已达到成年人口的 66%，比利时和新加坡的这个比例在
60% 以上，意大利、西班牙、日本和英国达到 55% 以上，爱尔兰、
荷兰和新西兰也达到 50% 以上。根据公开数据，按居民收入计算，
近十几年我国基尼系数总体呈波动下降态势。全国居民人均可支
配收入基尼系数在 2008 年达到最高点 0.491 后，2009 年至今呈现
波动下降态势，2020 年降至 0.468，但是仍超过国际公认的 40%
的警戒线，属于"收入差距较大"的国家。

数据表明，深圳的收入分配结构存在一些问题。比如住房问
题，深圳实际人口住房自有率不足 30%。深圳常住人口住房保障
覆盖率不足 10%，低于国家规定的 23% 的下限要求，更远低于
新加坡 82%、中国香港 43% 的水平。《2019 国人工资报告》显
示，深圳月薪过万人数占比 26.91%，另有三成受访者的月薪在
6000 ～ 8000 元之间；而深圳 2020 年平均工资为 10646 元，显示
出高收入和超高收入群体拉高了收入的平均数，离橄榄型分配结
构还较远。① 综上考虑，到 2035 年，深圳的收入分配格局应当基
本实现中央倡导的中间大、两头小的橄榄型分配结构。

（3）从区域差距来看，深圳依旧面临均衡发展难题。

比如，2022 年的居民人均可支配收入，福田区为 9.57 万元，
超出深圳的平均水平（7.27 万元）；人均病床数，福田区为 90.65 张
/ 万人，位居深圳第一，罗湖次之（58.68 张 / 万人），排名第二，
而排名末位的龙华区和光明区均处于大约 14.6 张 / 万人的低位水
平，特别是龙华区的常住人口数量位居第二（397.9 万人），床位

---

① 截至完稿，尚无更新的报告。

比较紧张。表 2-16 显示，2022 年深圳市各区在常住人口、人均教育、卫生健康、社会保障和就业支出上存在巨大差异。龙华、龙岗、宝安都是人口较多的区，其教育、卫生健康、社会保障和就业支出的人均水平较低。在 2035 年缩小各区公共服务的差异程度、构建公共开支动态分配格局是深圳实现共同富裕、打造民生幸福标杆城市的重要任务。

表 2-16　2022 年深圳市各区公共服务的财政支出数据

地区	常住人口（万）	教育支出（亿元）	人均教育支出（元）	卫生健康支出（亿元）	人均卫生健康支出（元）	社会保障和就业支出（亿元）	人均社会保障和就业支出（元）
全市	1766.18	951.1	5385.07	675.35	3823.79	287.5	1627.81
福田区	166.29	81.36	4892.66	67.80	4077.21	20.59	1238.20
罗湖区	101.80	55.28	5430.26	30.53	2999.02	18.50	1817.29
盐田区	21.15	13.13	6208.04	7.88	3725.77	5.11	2416.08
南山区	181.00	78.60	4342.54	42.68	2358.01	25.53	1410.50
宝安区	454.53	125.61	2763.51	59.15	1301.34	37.20	818.43
龙岗区	407.36	120.97	2969.61	50.13	1230.61	27.11	665.50
龙华区	397.90	82.21	3301.61	45.24	1816.87	15.15	608.43
坪山区	60.87	43.45	7138.16	14.25	2341.05	5.85	961.06
光明区	115.09	47.86	4158.48	20.85	1811.63	53.54	4652.01

注：上表根据深圳市及各区的国民经济和社会发展统计公报、年度财政决算报告整理。

4. 可持续发展和城市文明

　　深圳的各项环境指标在国内首屈一指，与其他的国际一线城市相比又存在明显差距。对于这种差距应当有客观的认识，一方面深圳在垃圾回收、空气和水体质量、交通出行、群众的环保意识等方面有待加强，特别是较欧洲在努力推动经济和社会绿色转型的城市而言。另一方面，深圳和欧洲城市存在着较大的客观差异，深圳人多地少，欧洲城市普遍人少地多；深圳的城市人口规模仍在扩大，欧洲普遍出现"逆城市化"和人口老龄化的问题。这些根本差异，要求深圳在寻求经济和社会转型的目标时须考虑城市的实际情况，不可好高骛远。表2-17列举了深圳与一些国际一线城市的环境指标数据。

表2-17　深圳与国际一线城市的主要生态环境指标

地区	PM2.5浓度（微克/立方米）	人均公共绿地面积（平方米/人）	生活垃圾无害化处理率（%）	建设用地占总面积比例（%）	人均建设用地面积（平方米）	全球宜居城市排名	可持续发展城市排名
深圳	26	17	95	50	83.8	82	64
伦敦	15	22.8	100	23.7	45.2	48	5
纽约	14	30.5	100	51	72.8	58	26
东京	13.8	14	99.2	29	47	8	45
香港	26	—	100	19	30.3	38	16
新加坡	20	25	100	35	46	40	2

　　城市文明和可持续发展是一个城市的"软实力"，也是城市整体的经济竞争力、市民的生活品质和城市精神底蕴的重要体现。参考体系中列举了一些基本的硬性指标，比如著名建筑、画廊等的数量，世界最有创意城市排名对全球75个城市进行了测量，北京、广州、深圳暂未上榜。表中列举了深圳参照城市的文化设施

数量（见表2-18）。对于任何新兴城市来说，发展创意产业、提升城市文化品位，都具有很大的挑战性，深圳亦不例外，需要在艺术文化领域不断探索挖掘、在理念创新和实践创作中开辟本土文化之路并卓有成效地培养一批艺术先锋——既需要时间与空间的沉淀又亟待产业的扶持与投入。

表2-18　深圳参照城市的文化设施数量

地区	城市排名	每平方千米艺术画廊数量	每平方千米著名建筑数量
上海	73	0.01	0.02
香港	50	0.08	0.13
纽约	6	0.44	0.17
东京	40	0.56	0.15
伦敦	4	0.36	0.19
洛杉矶	8	0.1	0.12
巴黎	1	4.3	1.99
新加坡	48	0.23	0.14

国际访客的访问量也是衡量城市文明的一个重要综合指标，可以大致反映一个城市商业、旅游资源以及交通便利性等综合因素对国际游客的吸引力。2019年之前的数据比较客观，表2-19反映了深圳市及其参照城市在国际访客、城市机场乘客和五星级酒店数量三个指标上的差异，可以看到，深圳已经初步达到国际一流城市的水平。深圳应当着力推出有利于国际旅游和商务访问的便利化措施，在2035年实现国际访客排名进入世界前十的目标。

表 2-19　深圳及其参照城市的国际交往指标

地区	2018 年国际访客数量排名	2018 年国际访客数量（万人次）	2018 年城市机场乘客数量排名	2018 年城市机场乘客数量（万）	五星级酒店数量
深圳	13	1220	32	4934	72
北京	59	400	2	10098	121
上海	31	748	9	7405	160
广州	22	900	13	6979	68
香港	1	2926	8	7468	57
纽约	8	1360	22	6190	52
东京	18	998	5	8709	40
伦敦	3	1923	7	8010	347
洛杉矶	35	659	4	8753	26
巴黎	6	1756	10	7223	149
新加坡	5	1855	19	6560	82

注：数据来源于 2018 年万事达卡全球旅行目的地指数及全球最繁忙机场排名榜单。

第3章

实现社会主义现代化路径的国际经验

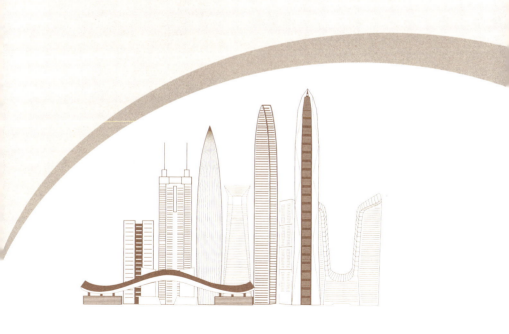

深圳率先实现社会主义现代化，需要借鉴国外一流城市在产业升级、社会治理、可持续发展、城市文明建设等方面的成功经验。本章将讨论深圳实现现代化可以借鉴的国际经验以及应当吸取的教训：首先，在国家层面，本章分析了国际社会中四种现代化模式的利弊，并归纳了深圳在新时代社会主义现代化建设中可以借鉴的经验；其次，在城市层面，根据社会主义现代化建设"五位一体"的总体布局，选取了五个国际一线城市，探讨其现代化进程中的成功经验以及对深圳的启示。

一、四种现代化模式

本节将围绕财富创造和分配的主题，集中讨论四种国家现代化模式（英美模式、北欧模式、东亚模式、苏联模式）的利弊，并总结它们对深圳的启示。

1. 英美模式的缺陷

英美模式倡导新自由主义，强调市场在资源配置中的基础作用和市场原则在政治生活中的应用，强调个人自由和权利，倡导"小政府、大社会"的价值理念。通过对私有财产权、知识产权和个人自由权利的保护，鼓励个人充分发挥自主性和积极性，形成了有利于社会创造、创新的制度环境，极大地促进了市场经济的繁荣。

比如，英美国家的金融市场比较发达，公司的持股人面向全球，实现了资本的快速流动。同时，这样的金融市场更容易出现愿意接受"高风险、高回报"的投资者，科技研发上更加容易出现颠覆性的创新。英美模式普遍重视培养劳动者的一般办公技能，以便劳动者可以在不同的产业之间流动，更加注重通过保护消费者的权益以规范公司的市场行为。

英美模式也面临很大的问题。批评者认为，它过于注重尽快赚取利润，对长期规划和经济模式的可持续性重视不够，导致出现较多的社会问题。在2008年全球金融危机爆发之后，全球经济矛盾不断加深，英美模式的缺陷更加明显，美国经济出现衰退迹象。该模式存在的主要缺陷表现为以下几点：

第一，追求个人利益最大化，淡化或者漠视集体利益。

资本主义意识形态的核心是个人主义，英美模式更是把个人主义的原则贯彻到极致，帮助个体充分发挥个人能力、追求个人利益最大化成为该模式组织经济和政治生活的重要原则与目标，相对较少关注甚至漠视社会整体利益。

第二，财富的快速积累和严重的贫穷问题相伴而生，社会两极分化现象严重。

资本对于财富积累的渴望会加剧分配不公现象，导致两极分化。虽然资本创造出英美经济繁荣的表象，但繁荣之下暗流涌动，社会的不安定因素也在增加。

第三，高度金融化对经济造成负面影响。

现代英美资本主义模式的一个主要特征是金融部门占 GDP 的比重不断上升，股息支付超过了企业的利润再投资额。金融业快速发展会鼓励投机主义的泛滥，一定程度上遏制了实体经济发展，加速了产业空心化。以通用电气为例，在全球金融危机爆发前的 2007 年，其过度金融化现象尤为严重。通用电气下属的通用金融公司的销售收入和利润分别为 656.3 亿美元和 121.79 亿美元，对集团的贡献分别达到 38.6% 和 47.5%，远超其制造业的核心业务。过度金融化在带来短期丰厚利润的同时，也埋下沉重的长期债务隐患，导致这个曾经的制造业帝国在后续的金融危机中濒临破产，最终被拆分。

另外，从工业主导到资本主导的转型具有很大的破坏作用，间接导致传统工业城市的衰落。

美国五大湖附近曾经是美国经济的中心和传统工业的心脏，经济转型导致重工业衰败，政府后期的扶持政策也收效甚微，最终城市衰落，该地区成为著名的"铁锈带"。

2. 北欧模式及其问题

北欧模式主要包括北欧国家的福利制度及其经济社会治理体系，它是在特定的经济社会和历史文化背景下产生和发展起来的。北欧国家具有重视互助协作的历史传统，同时各国社会结构相对简单，少有激烈的社会矛盾，社会条件适合福利国家模式的发展。

二战后，北欧各国因其独树一帜的福利制度脱颖而出，受到国际社会的广泛关注，形成独特的社会发展模式。它具有两个突出特点：

第一，面向全体社会成员提供普遍、健全的社会福利。北欧的社会福利制度按照人人都应享受平等的医疗保健服务和社会保障、平等的受教育权和文化权利的理念设计，建立了健全的公费医疗制度、养老金制度和失业补助制度，提供免费教育，教育占国内生产总值的比重高于其他发达国家。

第二，北欧模式有效地控制了资本无序扩张，国家对金融体系实施了强有力的控制，以实现企业的经济效益和社会效益的协调一致。在英美模式下，资本呈现急速扩张的态势，导致劳动收入和资本报酬的差异越来越大。相比之下，德国和北欧更加注重资本利益和社会利益的平衡。德国发展了人们称为"社会市场"的管制模式，企业的持股者多数是在地企业、银行和地方政府，企业和银行之间建立起长期的合作关系，企业迎合投资者而追求短期绩效的压力较小，可以进行长期的生产规划。另外，北欧模式重视劳动者通过集体工资自主谈判获得体面的酬劳，并以高税率的所得税来调节收入差距；同时政府对于企业的劳动支出进行一定程度的补贴，并根据行业需求制订相应的职业教育计划，培养劳动者的专业工作技能，从而间接补偿企业的劳动支出、提升行业的全球竞争力。劳资谈判、企业融资方式、职业教育等构成了一个和谐的生态系统，使得德国的整个经济体系具有很强的稳定性，技术创新路线往往以渐进性的累积为主，颠覆性的创新较少。

挪威利用能源出口的一部分收入建立了国家主权基金，并把部分基金投资收益拨付给社会福利部门，以实现福利开支的平衡。同时，北欧普遍实行免费高等教育，提高了全民的劳动素质和各群体的整体收入水平。

完善的社会福利制度使得北欧国家抵御金融风险的能力要高于欧洲其他国家，这一点在 2008 年全球金融危机中得到了验证。当然，北欧模式今天也面临挑战，人口结构变化、移民等都影响着福利制度的可持续性，社会保障占国内生产总值的比重大大超过其经济发展水平所能承受的程度，给政府带来了巨大的财政压力。同时，高福利也导致"福利陷阱"：丰厚的社会福利导致一些人劳动积极性不高、劳动效率低下，甚至形成一批依赖福利制度的"无业游民"，降低了经济活力。北欧政府也做了一些调整，比如重视人口就业能力的提升，强调公民有劳动的义务；约束过度使用福利的行为；注重提升医疗服务和效率，控制医疗开支等等。

3. 东亚模式的挑战

东亚模式泛指日本、韩国、中国台湾等东亚经济体以政府主导的形式追求高速发展的模式。二战后，东亚地区经济快速增长，也实现了大幅减贫，总体生活水平有了很大提高。1960—1987 年，日本的人均收入翻了两番，从 4000 美元增长到 16000 美元。韩国、中国台湾也实现了类似的高增长。

东亚模式中，政府在推动经济快速发展中发挥了核心作用。政府普遍采取干预措施来促进经济发展，并与企业建立紧密的合作关系，强化国家对金融部门的控制，在战略性经济部门直接扶

持国有企业或扶持组建大型私营企业，为企业提供政策、资金等
多方面的支持，并鼓励其参与全球竞争。在日本，通产省发挥了
重要作用。通产省的一批专业水平较高的中级职业官僚在明确行
业发展方向后，有针对性地制定相应的扶持政策，将行业协会建
设成为企业和政府沟通的重要平台。

在实现现代化方面，很长一段时间里，东亚模式最值得称道
的是经济的"增长兼顾公平"。在 20 世纪 60 年代至 80 年代中期，
日本、韩国与中国台湾的多数人受益于快速增长的经济，公民收
入和生活水平都得到很大改善，基本实现了相对公平的收入分配。
早期不平等现象减少的趋势在日本和中国台湾最为明显。在日本，
基尼系数由 20 世纪 60 年代的 0.45 降至 70 年代末的 0.40，1982
年降至 0.34；在中国台湾，基尼系数由 1961 年的 0.50 降至 60 年
代末的 0.35，70 年代末进一步降至 0.30 以下。这在当时世界范围
内也属于最低水平。中国台湾在实现"增长兼顾公平"上最为成
功，专家认为这主要受益于政府对当地中小企业的重视。

然而从 20 世纪 90 年代开始，受新自由主义思潮的影响，东
亚政府逐渐失去自己往日的优势，越来越显现出西方新自由主义
经济的特征。例如，强调经济竞争、放松金融管制、大力推进金
融自由化等，限制了东亚模式中政府主导现代化的可持续性。

日本的经历在东亚经济体中十分典型。在 20 世纪 80 年代房
地产泡沫破灭后，日本改变自己特有的经济运作方式（例如强调
政府作用、企业终身雇佣制等），力图引入西方式的经济竞争模
式，开展市场自由化改革，放松对货币和金融市场的管制。但日
本社会始终难以适应西方新自由主义式的竞争模式，最终从 90 年

代开始，日本陷入经济低迷的 20 年。

类似的还有在 1997 年亚洲金融危机后，国际货币基金组织把推动金融自由化作为救助韩国的条件之一。随后，韩国政府加速放松对金融市场的管制，推动金融私有化改革，取消了股票回购禁令，并鼓励更多的股息支付。投资在韩国国内生产总值中所占的份额自此以后下降了 5%。与此同时，韩国股票持有量中，外国投资者所占的份额从 20 世纪 90 年代中期的不到 5% 跃升至 21 世纪初的约 40%，这与东亚地区保留利润再投资的传统背道而驰，韩国国内经济增长和新增就业岗位随之受限，对经济发展产生了不利影响。

在一定程度上，新自由主义思潮也终结了东亚"增长兼顾公平"的奇迹，收入不平等的现象在该地区普遍出现并持续加剧。近期数据表明，日韩的贫富差距情况在靠近英美模式。比如在全球范围内，最富有的 10% 的人口收入占国民总收入的比例都有所提高，在日韩该比例的增速尤为显著。

另外，当创新成为经济发展的重点后，政府主导的模式并不具有比较优势。东亚的经济发展原本以"模仿"欧美发达国家为导向，但是在创新阶段并没有优势，需要政府改进创新体系。20 世纪 90 年代开始的社会政治运动也对东亚模式产生了影响。比如在中国台湾，经济政策设置与执行受到很大的社会压力，难以保证政策的合理性和有效性。

4. 苏联模式的经验和教训

苏联已经解体，但是苏联模式却为我们理解现代化提供了重要的"反面教材"。苏联模式的最大特点就是国家动员。得益于高效的动员模式，苏联在很短时间内实现了经济恢复和发展，人们的生活水平也迅速提高，成为很多国家（包括中国、印度）学习的典范。

不过，苏联模式的最大问题在于缺乏可持续性，主要原因有二：第一，这种模式的特点就是关起门来自己发展，不重视对外开放和对外交流。"关起门来"意味着只有内部市场，没有外部市场，或者说只有内部竞争，没有外扩。缺乏足够大的市场，企业难以通过规模效应来收回创新的早期投入，扼杀了创新的积极性。第二，消灭了资本。在苏联和东欧社会主义国家，工人阶级的确成为马克思所说的资产阶级"掘墓人"，政府并不像欧洲其他国家那样在资本和工人之间充当协调者，而是完全和工人站在一起，消灭了资本和资本赖以生存的市场。

但是，消灭了资本和市场，导致计划经济失去了发展经济的主体，发展受制，经济就失去了发展的原动力，贫穷成为必然。苏联经济在经过早期的辉煌之后，开始滞胀、僵化。苏联鼓励东欧改革，把改革重点骤然转向政治领域，导致东欧各国社会政治经济制度急剧变化，僵化地对待社会主义，导致普遍贫穷，即"贫穷社会主义"，最后走上了自我衰落的道路，造成东欧剧变和苏联解体。苏联模式的失败，与其说是因为西方的竞争，倒不如说是因为缺少内外发展动力。

5. 四种现代化模式对深圳的启示

现代化建设涉及市场经济模式、产业规划、初次分配、财政税收和社会福利制度等基本问题。前述四种现代化模式在这些方面做出了不同的路径选择，进而产生了不同的效果。

简单地说，英美模式贯彻了"有限政府"的理念，对经济干预较少，强调市场竞争和创新是提高社会福利的根本之道，但忽视了分配公平，导致出现一系列社会问题。北欧建立了完备的社会福利制度，但是也背上了巨大的财政包袱，高税负还导致企业和富人阶层外逃，影响了经济发展，如何平衡经济发展和社会福利成为这些国家改革的重点。东亚模式下的国家或地区为了实现经济"赶超"，对产业发展的指导和扶持较多；但是近年来受到新自由主义的影响，政府的战略性规划和指导作用被削弱了。苏联模式错误地认为政府计划是无所不能的，甚至可以取代资本、企业和个人的主观能动性，最终惨淡收场。

对四种现代化模式的回顾，给我们最大的启示，就是要维护政府、市场和社会三种力量的基本均衡。苏联模式覆灭的一大教训是产业结构失调。国家为了发展重工业，对农业、农民利益照顾不够，轻工业的发展滞后也影响了人民的生活水平。现存的三种现代化模式尽管各有侧重，但都在尽量平衡政府、市场和社会三种力量。相较于北欧模式而言，英美模式对劳动者的权益保护不够，但比较重视消费者的合法权益，允许消费者发起集体诉讼，获得惩罚性赔偿，从而规范企业行为；东亚模式在实现工业化之后，通过收入的再分配、社会民生类支出和环境保护等提高人民的获得感。因此，尽管这些国家或地区历经多次金融和社会危机，但都基本上保持了社会稳定和经济发展。

中国过去 40 多年改革开放的伟大成就在于实现了可持续的

经济发展、可持续的社会稳定、可持续的制度支撑和引导，三者不可偏废。发展是解决我国一切问题的基础和关键，同时发展要突出"共享"的理念，使发展成果更多更公平地惠及全体人民，这也是社会稳定和进步的关键。党和政府持续进行制度创新，改善市场环境，推动治理体系和治理能力现代化的实现，为改革开放提供坚实的保障和动力。这些讨论对深圳的城市发展也有重大意义。

深圳要维护政府、市场和社会三种力量的基本均衡，关键在于推动资本、企业的逐利性和社会属性的统一，并在维持这种平衡中充分发挥政府的引导和协调作用。需要注意以下几点：一是依法加强对资本的有效监管，防止资本野蛮生长，尤其是限制资本在涉及民生领域的无序扩张，维护良好、有序的市场竞争局面；二是增强资本市场服务实体经济的枢纽功能，保护投资者的合法权益，引导企业和投资机构更多地通过提高企业竞争力来盈利，而不是通过短期投机攫取资本利润；三是发挥国有资本和国有企业在其中的先锋作用，实现企业发展、国有资本增值和社会福利整体提升的有机统一；四是充分利用财税体制，引导企业注重社会责任，在可持续发展、劳动者权益保护、平衡资本报酬和劳动报酬上做出实质性的改善；五是逐步建立和完善覆盖新型雇佣关系下劳动者的福利保障制度，重点覆盖农村进城务工人员、外卖员、其他灵活就业者。

另外，九大类民生支出、发展性支出占据了深圳财政支出的主要部分。为了实现财政收支平衡、不断优化政府职能，深圳需要：合理的城市人口规模，缓解庞大人口数量对公共物品供给的压力；提高政府决策的科学性，对相关产业政策规划和政府支出进行更加精准的、有前瞻性的经济合理性分析；科学评估政府产业政策的有效性，推动跨区域的产业规划合作。这样既可以降低深圳的财政压力，也有利于发挥产业的集聚效应，推进协同发展。

总体来看，政府既不做全能型政府，对各种事务大包大揽，也不推卸责任，应坚定地做市场经济的保驾护航者、战略型产业发展的引导者、民生幸福和可持续发展的践行者。

二、国外城市推动现代化建设的成功案例

《关于深圳建设中国特色社会主义先行示范区放宽市场准入若干特别措施的意见》中指出了未来深圳发展的五个大方向，本节将重点讨论波士顿、新加坡、纽约、斯德哥尔摩、东京五个世界一流城市在这五方面的成功经验。

1. 波士顿实现经济转型和高质量发展的经验

从 20 世纪 50 年代开始，纺织、皮革和服装业等制造业部门迁往南部等低成本地区，波士顿的制造业开始衰退。虽然政府着力发展军工科技和小型计算机，但是随着国防资助的减少和小型计算机产业日趋衰落，波士顿面临着巨大的挑战。过分依赖单一产业部门，正是造成这一阶段波士顿高科技产业衰退的重要原因。

波士顿政府通过实施创新驱动城市发展战略，大力推动城市配套设施的开发、积极支持新兴产业的创新发展并建立创新社区和研发集群，迅速促进高科技产业结构的调整，软件业、电子通

信业、生产计算机外围设备和生物技术等部门的兴起，实现了该地区从美国"工业革命摇篮"向"高科技创新中心"的华丽转身，成为美国最大的医疗研究中心、第二大生物科技中心，同时上升为具有全球影响力的高科技产业城市。它的经验可以归纳为：

（1）政府积极支持新兴产业创新发展。

主要的政策工具表现在两个方面：研究经费的支持和税收上的优惠。以波士顿的生物科技产业为例，美国联邦政府和州政府层面就积极运用这两种政策工具。

在联邦政府层面，美国国立卫生研究院提供的经费是波士顿生物医药取得骄人成绩的一个重要原因。在生物医药领域，大约10%的联邦研发经费被授予以波士顿为龙头的马萨诸塞州。同时，州政府对"大波士顿"地区生物医药产业贡献也很大。2008年，州政府宣布了一个"马萨诸塞州生命科学计划"，承诺在未来10年内对生命科学产业投入10亿美元，并成立"马萨诸塞州生命科学中心"，以对本州生命科学产业进行更制度化与系统化的管理。

波士顿模式中的重要一环是科研、教育与生产领域在功能上的协作。波士顿的产业集群模式为大公司与小公司之间的交流和整合提供了得天独厚的机会。地理上的优势降低了世界一流的大型制药公司与以创新为主的小公司之间合作的成本，这也成为大型跨国药企纷纷在波士顿设立站点的重要原因。大学和产业界密切合作，波士顿初创企业与学界之间的人员流动非常频繁。统计发现，在波士顿21家医药公司中，有15家的创始人是波士顿地区大学的教授或医生，1家的创始人是该地区博士后研究员，2家的创始人是该地区大学的毕业生，只有 3 家的创始人与该地区的学校没有任何关系。

（2）政府努力推动科创配套设施的开发。

政府大力投入资金，改善城市基础设施和住房，使城市更有活力。例如，波士顿推出了"后街计划"，主要是为了帮助当地中小企业解决发展所需的土地问题，并支持企业培训员工、建立网络联系、升级关键基础设备，为其提供一定的资金支持。此外，为了推进高科技产业发展，联邦政府提供了大量的研发资金给波士顿的大学和公司，并对高科技企业进行减税。目前，针对特定产业，波士顿政府还启动了推动创意产业的发展计划、生物科技计划，设立了专门的机构来整合城市丰富的教育、研发、制造业资源，以辅导特定产业发展。

（3）开发与建立创新社区和研发集群。

波士顿拥有大量以研究型大学为中心建立的创新社区，其中最具代表性、创新最为密集的当数由麻省理工推动发展起来的肯德尔广场。20 世纪 70 年代，麻省理工抓住联邦政府重建剑桥城这一契机，购置并冠名当时破旧的麻省理工学院产业园，与当地的地产开发商合作重新打造了这个大学产业园，并在靠近校园的肯德尔广场建立了研发中心。此外，麻省理工还大力打造周边社区的配套环境。如今，肯德尔广场已经发展成为一个集办公和实验室于一体的综合性开发社区，为大量的生物医药企业提供工作和研发的空间。

2. 新加坡经济和社会治理的经验

（1）在营商环境治理方面，新加坡的经验十分值得借鉴。

根据世界银行营商环境评估报告，新加坡已经连续 16 年居于全球前三名，在开办企业、办理建筑许可证、纳税、执行合同等指标上表现突出。

新加坡政府的三个具体治理举措是这一成功的关键：一是行政服务机制的便捷化。在创业和启动阶段，创业企业只需要与较少的部门或第三方服务机构进行互动便可完成审批的相关手续。在日常运营过程中，企业亦可以通过经济发展局、企业发展局、企业通网站等"一站式服务"渠道获取或申请相关政策支持。如新加坡经济发展局就是新加坡政府专门成立的可以为外资企业提供"一站式"服务的机构。二是高度法治化。在商业领域，新加坡已形成细致、完善的商业法规体系、司法审判体系和法律仲裁体系，知识产权保护制度更是全球领先。新加坡法律以"细致入微"著称，规范了经济、社会生活的各个方面，并且会根据发展需要和实际情况实时修订更新。三是高效的电子政务手段。新加坡自 20 世纪 80 年代起便开始发展电子政务，现在是世界上电子政务最发达的国家之一。新加坡持续推进数字政府转型，制订了"智慧国家 2025"计划，致力于为公民、企业、政府机构等多方节约成本、创造价值。在商业领域，新加坡政府针对个人和企业分别建立了 SingPass 和 CorpPass 两种数字认证身份，以实现一个账号处理所有在线事项。目前，涉商的大多数事项均可在线办理。

（2）在社会治理方面，新加坡公共服务均等化的实践成效十分突出。

在医疗方面，新加坡的医疗保障制度是全球最完善的医疗保障制度之一，其关键在于该国的融资方法。与北欧福利模式不同，新加坡的医疗融资制度构建基于两个原则：医疗照顾成本基本上是由个人负责，社区和政府会照顾较弱势的群体；病人需要自付部分费用，避免过度消费。1983 年，新加坡政府发布的《国家医疗计划》基本上规定了新加坡医疗体系的重要原则。20 世纪 80 年代起，新加坡中央公积金局制订了多项医疗保健计划，以确保国民均能享有良好的医疗保健服务。其中，保健储蓄计划属于全国性、强制性的储蓄计划，国民必须把部分收入定期存入指定账户，这在医疗保障体系中起到主导作用，另外还有健保双全计划和保健基金计划起到辅助作用。为了控制医疗成本，公立医院全部以企业的方式来运营，以避免过度医疗。

在住房均等方面，新加坡自 1964 年以来一直推行"居者有其屋"的住房保障计划，即公共组屋政策，或者公屋计划。政府通过建屋发展局为中低收入家庭提供廉价的公共住房，为新加坡超过 80% 的国民提供组屋，满足了居民的基本住房需求，也避免了开发商在房价上恶意炒作。

这样的住房均等化模式有以下几个特点：一是政府主导。隶属于新加坡国家发展部的新加坡建屋发展局在发展公共住宅方面起主导和组织的作用。二是政府建立了完善的住房金融体系。新加坡中央公积金局可将公积金用于购买政府债券，赚取利润，也可向个人购房者提供住房公积金贷款，向低收入者提供购房补贴。三是充足的土地供给是新加坡实现住房均等的基础。1966 年，新加坡政府颁布《土地征用法令》，使得政府能协助建屋发展局以低于市场价的价格获得开发土地，从而使廉价房在生活成本极高的新加坡成为可能。四是政府通过制定缜密的法律法规保障住房均等化的实现，比如政府对购买人条件、交易程序、购房补贴、住房买卖等做了严格的规定，以实现公平、有序的分配原则，保障中低收入人群的住房需求。

3. 纽约艺术文创产业和金融服务业的发展经验

纽约是美国人口最多的城市，也是对全球经济、媒体、体育和娱乐有极大影响力的国际大都会，在多个不同的国际城市排名中都名列前三。它的艺术文创产业和金融服务业的发展对深圳有很重要的借鉴意义。

（1）艺术文创产业的发展经验。

伦敦、巴黎等传统的历史文化名城，凭借其自身悠久的历史、长期的文化积淀、英格兰和法兰西独特的民族文化，成为举世闻名的世界文化之都。相比之下，纽约是典型的移民城市，没有一枝独秀的单一民族文化，凭借着政策扶持和城市的经济实力，形成了"艺术 + 商业"的独特发展模式，值得深圳关注和学习。当美国东北部以传统制造业为主的城市在 20 世纪七八十年代面临严峻挑战的时候，许多城市由于产业结构单一，未能实现城市转型升级，而陷入长久的衰退之中，例如美国五大湖附近的"铁锈带"；另有一部分城市在工业化后期，抓住机遇实现了城市转型升级，最终走上了一条全新的发展道路。纽约就是后者中的成功范例，其在文创产业上走出了新路子。2019 年纽约市主计长斯科特·斯金格（Scott Stringer）发布的工业分析报告显示，创意产业已经成为纽约的核心产业，占全市经济产值的八分之一。

纽约文创产业的经验十分丰富，具有很强的可借鉴性。总体来看，政府注重发挥专业组织、基金会和市场的作用，政府在构建发展平台上也起到了很好的辅助作用。一是政府通过财税、补贴等政策，解决艺术家的"后顾之忧"。比如纽约盘活闲置不用的国有土地资产，租给各种艺术工作室或作为排练场地；为艺术家提供经济适用房、廉租房，并鼓励长期闲置的办公楼廉价出租给中小型文创企业；改善创意工作者和企业获得健康医疗保险的渠道，努力使文创产业的自由职业者获得廉价的医疗服务，并和第三方社会组织合作以简化相关申请手续。二是设法降低文化机构的运营成本。比如政府投资艺术设备，并以成本价对外出租使用，推动艺术设备的共享；对文化机构进行水电补贴；鼓励中小型文化机构协作，以降低运营成本。三是设立专门的艺术文创基金。比如将广告牌税收的一部分用于公共艺术装置，设置艺术发展的专项资金；要求公共建筑项目总资本的 1% 用于公共艺术，提升公共场所的文化价值；设立专门的艺术发展基金，资助文创产业的发展。四是在公共项目中嵌入高质量的设计服务。强调公共建筑的美感，对私人投资建筑的设计成本进行财税补贴，以提升城市的文化气息。

纽约文创产业的发展，最为突出的特色在于"艺术 + 商业"的发展模式。纽约经济发达，富人众多，具有庞大的艺术品消费群体，政府努力在文创产业中引入市场力量，为纽约文创业的发展奠定了坚实基础。它的主要经验在于：强化知识产权保护，制定清晰、操作性强的法律体系，对侵权行为予以重罚；以艺术基金会和私人资本为主力，建设完备的艺术风险投资市场，以资助艺术家的相关创作；组建高度专业的行业协会，以规范文创产业的发展，推动行业自律和艺术产品的"市场转化"；打造"纽约制造"和"纽约创造"的品牌，为本地创意产品拓宽市场渠道，制定本地艺术品交易和出口的财税支持政策；等等。通过种种措施，纽约最终实现了艺术和经济相互促进的良好局面，城市雄厚的经济实力促进了创意产业的发育，创意产业的发展又反过来促进了城市经济增长。

（2）金融服务业的发展经验。

与艺术文创产业相比，金融服务业更可以称得上是纽约经济发展的支柱和引擎。其拥有世界排名第一的纽约证券交易所和世界排名第二的纳斯达克证券交易所。据估计，金融副业收入占纽约市民收入的35%。

纽约发展成为世界金融中心，得益于很多便利条件：优越的航运地理位置，使得纽约发展成为美国重要的对外贸易中心；一战和二战客观上打击了欧洲传统金融中心，给美国创造了机会；纽约银行家充分利用其对总统的影响力，使得美国的银行储备在19世纪中期从费城转移到纽约。当然，更为重要的是，美国综合国力的强大为纽约的发展奠定了坚实的基础。随着19世纪末以来美国国际贸易的发展、20世纪40年代末马歇尔计划以来美国对欧洲投资的大幅增长，以及以美元为中心的国际货币和金融体系的建立，纽约的金融服务业迅速发展壮大。当然，这也离不开纽约地方政府的政策扶持。纽约金融服务业发展的成功经验可以归纳为以下三个方面：

　　一是鼓励金融创新。纽约在不同的历史阶段都鼓励金融和金融服务业的创新，以应对不断变化中的国内和国际政治经济局势。比如，1838 年，纽约为了减少行政审批阻碍银行的发展，创设了"自由银行制"，规定任何个人和团体，只要达到 10 万美元的资本，都可以开设银行，这在当时有力地推动了纽约银行业的繁荣，形成了充分竞争的市场局面。虽然这一制度在后期导致一些问题，逐渐退出历史舞台，但是它的历史贡献不容磨灭。又如，纽约发展离岸金融的举措。20 世纪 70 年代，在全球产业转移的大潮中，美国出现资本外流的现象。美国的跨国公司为了避税，不愿意把海外的利润汇回国内，纽约金融业受到极大冲击。从 1970 年开始，纽约州批准金融体系开展离岸金融业务，对离岸金融实施严格的"内外分离"管理方式，即银行的国内业务、资金和离岸的业务、资金分开管理，这样既可以控制资金大量进出的风险，又巩固了纽约在世界金融市场上的竞争力。再如，比较有争议的高频交易和暗池交易。高频交易通常是指利用交易程序从极短时间内的市场价格变化中寻求获利的交易。暗池交易是指在买卖双方并不知道对方的身份、报价和证券交易数量的情况下订单通过交易系统自动进行配对而完成的交易。高频交易增强了金融市场的流动性，但是可能引发虚假交易，加大市场的非理性波动。金融市场的大宗交易容易引起市场跟风，而暗池交易可以帮助机构交易者避免大宗交易信息被市场提前察觉，进而被高频交易机构"猎杀"，能够在更加隐秘的情况下完成企业交易。纽约整体上对于创新持有比较开放的态度，金融监管者意识到金融市场是一个"套餐"，不能只要带来的好处而不想面对可能带来的坏处；只要把坏的影响控制、监管住，就应当允许创新。

二是构建多元监管机制。纽约金融中心地位的形成、巩固和发展离不开其完善的多元监管机制，这也是纽约敢于鼓励金融创新的"底气"。纽约的金融监管机制经过多年发展，形成了行业自律和政府监管，联邦和地方政府、立法司法行政部门通力合作，市场行为监管和审慎性监管兼顾的格局。首先，美国金融业监管局是美国最主要的金融监管机构和自律监管组织，主要通过高效监管和技术支持来加强投资者保护及市场的诚信建设，保护金融市场的机构或者个人消费者权益。其次，金融监管不仅对日常交易进行监督和合规性审查，而且从宏观上注重金融公司和整个金融体系的安全性和稳定性。最后，纽约的金融监管突出一般性原则的适用性，尽管各种金融产品及其衍生品多种多样，但是普遍要遵守信息披露、公平交易、利益回避等一般性原则。当然，这并不意味着纽约的金融体系没有问题。历次金融危机和上市公司造假的丑闻都说明纽约监管体系尚有漏洞，但是这并没有从根本上撼动纽约金融中心的地位。这也得益于历次金融危机之后纽约金融体系与监管体系的改革。

三是完善的配套设施。金融产业的发展和纽约整体设施的完善之间相互促进、密不可分。比如，纽约推出了人才输送管道项目，利用政府和民间基金，为用人单位建立人才梯队，满足其对人才的需求。纽约市内的高等教育发达，哥伦比亚大学、康奈尔大学、纽约大学等顶级学府为纽约金融产业的发展培养了各种专业人才；纽约把市区内 7500 多个电话亭改装为 Wi-Fi 热点，打造了全球规模最大、最快的城市 Wi-Fi 网络；纽约很早就开始实行超越行政边界的城市规划项目，以统筹周边发展，20 世纪 90 年代以来努力在湾区内建设有活力、宜居、可持续社区。这些都为纽约金融中心的发展提供了便利的条件，为城市的持续发展注入了活力，提高了城市整体对人才、资本、技术的吸引力，奠定了文创、金融和科技等产业全面发展的基础。

4. 斯德哥尔摩可持续发展的经验

城市的可持续发展本质上是城市实现经济效益、环境效益和社会效益相统一的有效治理，这需要政府、企业、社会组织及公众的积极参与。在经济社会的可持续发展进程中，斯德哥尔摩逐步形成了卓有成效的治理体系。中央政府、地方政府、企业和社会组织等城市多元主体基于各自的角色定位，发挥各自的优势，形成了多元共治的形态。

多元共治的形态离不开政府的促进作用。从 20 世纪 70 年代初期到中期，瑞典政府仅通过国家环保局给予地方政府及其环保工程的补贴就占同期政府公共投资的 20% 以上，以鼓励地方建设环境友好型的公共设施。当然，斯德哥尔摩政府也致力于运用市场的力量来推动可持续发展，在公共服务领域引入市场机制和环境标准，按照合同来规范公共服务投标者的竞争和履约行为。一方面将原先垄断的公共产品生产权和提供权向私营公司、非营利组织等机构转让，完成公共服务的"准市场化"供给；另一方面注重公共产品的环境效应，进而提高公共服务的质量。

为了提高市民的生活品质，议会自主性地确定了 2040 年停止使用化石燃料、2050 年零温室气体排放的目标，并在碳排放、碳预算上制定了清晰的规划。2019 年 11 月出版的最新版《2020—
2030 环境纲要》，为未来 10 年的具体环境执行指南。其要点包括：
第一，制定政府专案，强调与民间合作，开发永续基础设施。比
如推动在交通及能源部门引入新技术，以提高效率，同时提高再
生能源及生物燃料在能源消耗中的比例，2030 年全面停止使用化
石燃料的交通工具。第二，邀请产业共同参与，以导入人工智能
科技为手段，探索解决气候问题的智能方案。比如政府致力于发
展追踪碳排放的平台，收集相关数据。第三，进行一系列的公共
管理改革，以明确采购流程，确保公共采购和公共工程对环境友
善。政府通过推动与建筑有关的能源管理措施，例如制定节能法
规、增设再生能源设施、安装热循环设备等，以减少碳足迹。

此外，群众和社会团体的参与也受到鼓励。市民成为可持续
发展理念的实践者、推动者和监督者，是可持续发展进程的主体。
斯德哥尔摩市鼓励居民减少对高碳产品的消耗，绿色出行，推进
垃圾分类。

5. 东京发展和治理超大城市的经验

（1）东京发展和治理超大城市的三个阶段。

同为人口密集的超大型城市，东京的发展经验对深圳的城市
发展有借鉴作用。东京都市圈的发展经历了三个阶段：

第一阶段为 20 世纪 50 年代中期至 70 年代中期，东京都市圈
的发展主要处于规划阶段。其重点是推动核心城市的产生与城市
间基础设施的建设。东京作为都市圈内的超级核心城市，在区域
竞争中获得了更多的生产要素，使其城市规模、层次以及竞争力

远远领先于圈内其他城市，因而发挥了引领作用；依靠政府行政
手段对基础教育、基础产业和交通设施等进行系统规划，并向周
边提供政策、资金等扶持，进而缩小圈内各城市的差距。

第二阶段为 20 世纪 70 年代后期至 90 年代初，东京都市圈经
历了高速发展。主要是通过市场主导的方式，构建了一体化的都
市圈经济。随着高速公路及轨道交通等基础设施的改善，东京都
市圈开始向郊区分散、转移，出现了明显的郊区化趋势，进入全
面扩张发展阶段。同时，都市圈中心城市制造业外移，分工体系
和城市功能定位逐步完善，城市空间进一步扩展，城市间产业与
经济关联度加强，并出现多个增长点。

第三阶段为 20 世纪 90 年代初至今。东京都市圈的发展重点
是全面协调各个区域的发展。经济全球化和信息技术的发展加速
了东京都市圈生产性服务业的崛起。圈内核心城市、次核心城市
和其他非核心城市进入协调发展的状态，尤其是在城区建设、交
通体系建立以及生态环境保护等方面的联系大大增强。此时，都
市圈的空间结构也基本成形，人口和面积趋于稳定，空间发展走
向均衡。

（2）东京治理超大城市的经验。

总体来说，东京都市圈在日本政府的主动引导和优化重构下
实现了由一点向外分化的扩展模式，同时不同城市之间既保持一
定的独立性，形成了错位发展的分工格局，其发达的交通体系又
保证了地区间的紧密联系。这种大都市圈的发展模式有效缓解了
过度集聚的东京核心区的城市压力，并且通过发展周边城市，实
现了整个大都市圈的均衡发展。在东京都市圈逐步走向成熟的发

展进程中，最重要的制度性保障是日本政府自上而下的结构调整和政策配套，具体如下：

第一，为了保证规划的权威性和顺利实施，日本中央政府前后共制定了十多部相关法律，强力推动以东京为中心的都市圈建设。以1950年制定的《首都建设法》为例，该法强调"东京都不仅仅是一个地方自治政府，更是日本的中心、与世界各国接触的首都"和"有必要为保证与国内外联系交往的各种中枢性活动具有更高效率而统一制定规划方案"，这使得东京都的城市规划和建设管理上升到国家政策层面，也促成了作为都市圈计划的统筹机构"首都建设委员会"的设立。

第二，中央和地方制定了相配套的财政金融激励政策。为加速规划目标落地，政府还推出了一系列"扶持政策包"。如：财政转移支付——将中央税收的一部分转移给企业迁入地所属的地方政府；搬迁企业的所得税减免；新开发地区的政府发行地方债券，并由中央财政贴息；中央政府通过政策性银行向市场主体定向发放产业转移专项贷款；近郊整治地带、城市开发区内的新兴工业园开发还可享受法定的特别税制优惠。

第三，发挥地方政府之间对话协调机制的作用。在东京都市圈的发展过程中，随着中心城市功能集聚和辐射能力的增强，很多城市问题的产生及影响范围逐渐呈现跨越行政区的特征，东京和周边城市建立了有效的区域性行政协调和管理机制。从区域行政的历史经验看，东京都市圈内的区域性协调机制多年来主要由中央政府主导，即中央政府通过完善、权威的区域性规划体系，强有力的项目资金保障、政策配套，自上而下的宏观调控，达到区域行政协作的目的。不过，都市圈内各地方政府之间探索出一些以地方自治为主的区域协作机制，提高了政府处理具体区域问题的能力。1947 年颁布的《地方自治法》赋予都道府县各级地方政府相应的自治职能，并规定各地方政府可以通过设立协议会、共同设置机构、事务委托、设立事务组织和区域联合组织等形式，建立处理区域性事务的协作机制。这种自下而上的协调机制也成为日本中央政府主导之外的有效手段。

三、可借鉴的国际城市经验

上述城市给深圳的现代化建设提供了可借鉴的国际经验。具体来看，波士顿始终面向未来规划自己的产业政策，实现了产业结构的升级换代和经济转型。新加坡严格、明确、国际化的法治体系和便捷、高效的行政体制成为营商环境的重要保障，均等化的公共服务供给为社会稳定和发展打下了坚实的基础。纽约艺术文创产业的发展最早受益于低廉的房租水平和城市发达的商业环境，这些因素都有利于艺术家聚集和艺术品市场的发育、成长；政府的引导和协助起到了很大作用，金融产业的发展也得益于金融创新、多元的监管机构和完善的配套设施。斯德哥尔摩重视政府、社会、企业在可持续治理中的协作机制，通过政府引导等多种措施，引导整个城市向可持续发展的目标前进。东京通过市场力量、财政引导、中央政策支持和制度规划、地方协调等多种方式促进了区域协同发展，形成了经济发展和社会效益相得益彰的国际都市圈。

各大城市在现代化建设方面成功的关键在于政府、社会和企业的协作治理：波士顿模式强调了科研机构、大学和企业在研发、生产领域的协作，打通了基础研究、应用研究和成果转化的各个环节，使得创新要素的流转更加快捷、高效；新加坡的社会保障制度强调国家责任和公民义务的有机统一，注重通过市场化、企业化手段实现公共服务的高效供给；纽约围绕艺术基金管理、艺术家的社会福利制度和艺术品市场的培育等中心任务，成功地推动了政府机构、专门引导基金和非政府组织的合作，既降低了行政成本，又提高了政策绩效，囊括联邦和地方政府、行业自律和立法、司法、行政监督相结合的金融监管体系，为纽约金融业长期健康发展打下了坚实的基础；斯德哥尔摩基于协作对推动可持续发展的重要性，通过行政法规、财税政策引导以及公民、企业的自发意识来合力实现可持续发展目标，是其成功的关键；东京更是"多管齐下"，通过市场自发的产业转移、自身财税政策的引导、中央层面的法律保障、地方层面的跨政府协调机制，实现了首都圈的协同发展。

这些成功经验都证明了一核心问题：单纯依靠政府这个"单引擎"很难完成现代化建设的重任，只有实现政府、社会、企业和市民的有效协作，才能给城市迈向更高质量的经济发展、社会进步和环境保护的整体目标提供源源不断的动力。在传统的管制模式下，政府主要依靠行政强制来实现市场、社会的有序运行；在"亲增长"的服务模式下，政府主要通过解放各种束缚经济发展的旧的体制、机制来实现经济增长，强调服务企业、服务市场。在协作治理模式下，政府把自己视为整个协作体系中的一部分，主要思考如何通过引导机制来促进政府与市场、社会等围绕着共同的目标凝聚共识、发挥合力，在产业发展、科技创新、环境治理等各个方面形成"共商愿景、共担责任、共享利益"的治理格局。

对于深圳而言，政府需从战略高度认识协作治理的重要性，进一步转变政府职能，把主要治理目标更聚焦于如何凝聚共识、促成协作关系和协作机制的创新。这就要求政府：第一，不断推动行业自治、社区自我管理，提升企业和行业协会、各种社会组织和群众参与治理的意识及能力；第二，多渠道鼓励政府和企业、社会组织、社区的对话，提升政府引导公共讨论和凝聚共识的能力；第三，通过财税体系、行政规制改革等方式，促进各个具体领域规划与管理协作治理体系的进一步完善，形成良性循环的治理局面。只有这样，才能充分调动各方积极性，充分利用各种资源，投入全面建设中国特色社会主义先行示范区的伟大事业中去。

第 4 章

五大生产要素和深圳面临的挑战

2020 年 4 月发布的《中共中央国务院关于构建更加完善的要素市场化配置体制机制的意见》强调了五大生产要素（土地、劳动力、资本、技术、数据）的作用，完善要素市场化配置是建设统一开放、竞争有序的市场体系的内在要求，是坚持和完善社会主义基本经济制度、加快完善社会主义市场经济体制的重要内容。深圳经济特区未来要在更加复杂的国内外环境中实现新的战略目标，需要不断深化要素市场化配置改革，促进要素自主有序流动，提高要素配置效率，进一步激发全社会的创造力和市场活力，推动经济发展质量变革、效率变革、动力变革。本章围绕五大生产要素，分析了深圳在社会主义现代化建设中面临的具体问题。

一、五大生产要素分析

深圳的发展始终面临着土地、人口和环境承载力等基本要素的限制。本章将从总量、流动性、效益等角度评估深圳在五大生产要素上面临的挑战，以了解深圳社会主义现代化建设面临的基本问题。

1. 土地

深圳全市面积 1997.47 平方千米（不含深汕特别合作区），海域面积 1145 平方千米，海岸线总长 260.5 千米（自然海岸线 100.4 千米，人工海岸线 160.1 千米），下辖九个行政区和一个新区（大鹏新区），管理深汕特别合作区。

深圳从 20 世纪 80 年代的 1890.701 平方千米，发展到今天的 1997.47 平方千米，新增的土地主要是通过填海造陆获得的。填海使深圳获得了大量宝贵的发展空间，但是弊端也很突出：例如，海水流动性降低，部分近海水域水质恶化；滩涂生态系统遭到破坏；局部填海地区偶有地面沉降现象，容易诱发地质灾害等。2020 年 5 月开始实施的《深圳经济特区海域使用管理条例》坚持保护优先原则，规定除国家批准建设的重大项目外，全面禁止围填海，力求构建合理开发海洋资源和生态保护的双赢局面。

简单地说，深圳的发展空间有限。它的总面积（不含深汕特别合作区）约为北京的 1/8，上海的 1/3，广州的 1/4；人口密度高于北上广及伦敦、洛杉矶、巴黎、东京，低于巴黎、纽约，在世界范围内的发达超大城市中处于中上游水平。

根据公开材料整理，深圳在土地要素方面面临的问题主要体现在四个方面：

（1）生态保育和土地开发。

根据 2005 年的《深圳市基本生态控制线管理规定》，基本生态控制线范围内的土地面积为 974.5 平方千米，接近深圳总面积的一半。2020 年建设用地面积已达 1000 平方千米，陆域开发强度达到 50%，远高于香港、伦敦、东京。土地的高度开发，直接降低了城市的宜居性和可持续发展承载力。

尽管深圳的生态保护成效已全国领先乃至全球领先，但相比之下，深圳的生态保护规划步伐已经落后于北京、上海、香港和海外的标杆城市。比如《北京城市总体规划（2016 年—2035 年）》提出，到 2020 年全市生态控制区面积约占市域面积的 73%，到 2035 年提高到 75%。"十四五"期间，北京全市森林覆盖率将达到 45%，公园绿地 500 米服务半径覆盖率达到 90%，人均公园绿地面积达到 16.7 平方米。《上海市生态空间建设和市容环境优化"十四五"规划》明确提出，到 2025 年，上海"公园城市""森林城市""湿地城市"的生态空间基础将初步形成，全市森林覆盖率达到 19.5% 以上，人均公园绿地面积达到 9.5 平方米以上，公园数量增至 1000 座以上，新增绿道 1000 千米以上，湿地保护率维持在 50% 以上。香港陆地面积 67% 是林地、灌木林和草地，郊野公园和生态特殊地带占全港土地的 38%。发达经济体的类似指标更高，欧洲大陆各主要城市的绿化率几乎都能达到 50% 以上。英国伦敦的城市森林规划，明确规定每百万人拥有 16.19 平方千米绿地。即使在寸土寸金的纽约曼哈顿岛上，80% 的土地面积都是绿化地带。

根据《深圳市国家森林城市建设总体规划（2016—2025 年）》，到 2021 年，全市森林覆盖率达到 40.92% 以上，绿化覆盖率达 50% 以上，森林蓄积量达到 380 万立方米，实现城市公园 500 米服务半径对居民区的 100% 全覆盖，自然公园 5000 米服务半径对居民区的 100% 全覆盖。到 2025 年，全市森林覆盖率稳定在 40.92% 以上，绿化覆盖率达 50% 以上，森林蓄积量达到 447 万立方米。根据目前的统计，2021 年深圳实际森林覆盖率约 39.78%，森林蓄积量为 397.07 万立方米，而下辖行政区中公园绿地覆盖情况并不均衡，即并未全部达到规划的目标。尽管造成这种现象的因素是多方面的，如福田区公园绿地 500 米服务半径覆盖率达 92.8%，远超全市平均水平，而一些新的行政区因本土自然资源极丰富还未进行公园绿地的人工塑造，但数据仍显示 2021 年深圳人均公园绿地面积为 12.44 平方米，远低于纽约、新加坡、伦敦的水平。

无论是和自身的规划相比，还是和国内其他一线城市、国外大城市相比，按照目前一些国际评价体系的标准，深圳在城市绿化、生态保育等方面均尚显不足，仍需着力与国际评价体系对接并建立能够说明自身实力的自主评价体系。

（2）居住用地供应和房价。

深圳人多地少，难以满足目前人口基本面情况下的住房刚性需求和品质提升需求。如何增加居住用地成为亟待破解的难题，高房价成为阻碍深圳人才引进、产业规划、社会发展的重要因素。公开材料显示，深圳居住用地占建设用地的 22.6%，低于国家《城市用地分类与规划建设用地标准（GB 50137-2011）》中 25% ~ 40% 的下限标准。2016 年、2018 年、2019 年，深圳实际供应的居住用地占年度总供地的比例较低，在 10% 左右，2020 年和 2021 年该比例有大幅度提高，2022、2023 年有小幅回落。（见表 4-1）

供地不足的直接后果是住房面积受到挤压：2021 年，深圳人均住房面积仅为 27 平方米。相比之下，上海城镇居民人均住房面积

表 4-1　2016—2023 年深圳居住用地占年度总供地的比例

年份	2016	2017	2018	2019	2020	2021	2022	2023
比例	10.9%	23.6%	8.9%	12.0%	25%	32.1%	30.1%	27.5%（规划）

达 37.4 平方米，广州城镇居民人均住房建筑面积为 34.28 平方米。

同时，房价和房价收入比也在持续攀升。根据诸葛数据研究中心对各地统计局数据整理的结果，2022 年深圳平均房价为 64744 元 / 平方米，低于上海的 84034 元 / 平方米，高于北京的 60324 元 / 平方米、广州的 38035 元 / 平方米，居全国第二，其房价收入比为 36.5，全国最高。中国房价行情平台的监测数据显示，根据世界最大的衡量生活成本的数据库 Numbeo 测算，在其监测的全球 332 个城市中，深圳 2023 年房价"可负担指数"为 0.3，房价收入比高居第六名（40.1），略低于上海（第一名，46.6）、北京（第二名，45.8）、香港（第三名，44.9），略高于广州（第八名，37.3），远超首尔（第十五名，30.8）、巴黎（第三十六名，20.2）、伦敦（第六十八名，16）和纽约（第一百九十四名，10.2）。

（3）城市多中心发展布局。

根据 2014 年国务院划定的标准，城区常住人口在 1000 万以上的城市为超大城市，在 500 万 ~ 1000 万的为特大城市。根据这个标准，第七次全国人口普查数据显示，我国超大城市有 7 个，即上海、北京、深圳、重庆、广州、成都、天津，特大城市有 14 个。在这 21 个城市中，深圳、成都、广州和西安等属于人口快速增长的城市，人口流入明显。城市规模过大，已经超出资源环境

承载力和治理能力，加剧了教育、医疗、住房等公共服务的供需
矛盾，引发了一系列"城市病"。

从人口的地理分布来看，我国超大和特大城市人口密度总体
偏高。就主城区人口密度来说，北京、上海都在每平方千米 2 万
人以上，而东京和纽约每平方公里只有 1.3 万人左右。就全市人
口密度来说，与国内一线城市相比，深圳的人口密度最高。深圳
2021 年统计年鉴公布的人口密度（人 / 平方千米）为 8791，是上
海的 1.6 倍，广州的 2.6 倍，北京的 4.8 倍。深圳人地关系紧张的
矛盾比较突出，建设用地狭小已经成为限制深圳发展的重大问题。

同时，深圳多中心发展的布局仍需加强。北京兴建通州城市
副中心，推动雄安新区建设。上海屡屡提及多中心，"上海 2040"
规划培育若干城市副中心或地区中心，《上海市城市总体规划
（2017—2035 年）》提出将嘉定、松江、青浦、奉贤、南汇等 5 个
新城培育成在全球城市区域中具有综合性辐射带动能力的节点城
市。广州 2020 年政府工作报告提出，优化"一区三城十三节点"
的建设布局，从地理空间上来看，这种建设布局大致是从中心城
区出发，分成两条轴带发展：一条是东向沿珠江轴带，从荔湾、
天河到黄埔，再往增城；另一条则是南向轴带，从花都、海珠到
番禺，再到南沙。深圳"东进战略"也意在构建该市的第三个经
济中心，但基本上还是以深圳"内环线"（从福田 CBD、车公庙
到科技园、后海）区域为中心，经济发展和城市规划的多中心布
局需在各个维度上有的放矢，平衡各方资源。

（4）行政区划调整和前海探索。

2021 年 9 月，中共中央、国务院印发的《全面深化前海深港

现代服务业合作区改革开放方案》指出，进一步扩展前海合作区发展空间，面积将由 14.92 平方千米扩展至 120.56 平方千米，原宝安区的大片地区被划入前海，进行统一规划。该方案同时指出，广东省和深圳市要积极探索行政区和经济区适度分离下的管理体制问题，强化对前海合作区新扩大区域的协调管理、统一规划、统一监管。据了解，目前前海已完成了形式上的扩容，具体如何执行中央"行政区和经济区适度分离"的指示仍有待进一步释放。

行政区划调整是为了更好地提高资源的利用效率，在更大的范围内统筹各种生产要素，产生规模效应。前海的扩容实操要注意：目前实现行政区和经济区适度分离的探索，主要是基于行政机构的规划、沟通、谈判和工作对接等，是从政府机构的角度去思考如何分离，还需要重视企业、社会组织等的需求，以及改革中政策机制的扩容与民间深度合作的实际，在决策中纳入自下而上的声音。

2. 劳动力

劳动力要素是指能够参加社会劳动获得劳动报酬或收入并达到劳动年龄的人口。作为与人的行为密切相关的生产要素，劳动力要素与土地、资本、技术、数据等要素相互组合，在财富创造过程中扮演着至关重要的角色。可以说，提高劳动力要素市场化配置是要素市场化配置的核心和关键。更为重要的是，社会主义现代化的根本目的在于实现人的全面发展。从这个角度讲，确保劳动力要素的集聚、使用和发展是深圳实现社会主义现代化的重要任务和挑战。只有控制人口规模、优化人口结构、提高人口质量，并做好相应的公共服务，才能实现全面、协调、可持续的发展。

（1）未来十年深圳的劳动力供给具有很大的不确定性。

主要因素包括：一是近年来，人口的总量在增加，但是增量在减少（见表4-2）。二是人口性别比例失调，并逐年加大。第七次全国人口普查数据显示，深圳常住人口性别比为122.43，比例失调情况比北京（104.65）、上海（107.33）、广州（111.98）更严重。具体到各区，深圳部分区性别比例失调的情况非常严重，包括光明区（141.25）、坪山区（137.44）、大鹏新区（136.55）、龙华区（130.93）、宝安区（129.33）。同时，深圳出生人口的性别比较高，2020年为114.10，2021年略微下降到113.39。三是《深圳市国土空间总体规划（2020—2035年）》提出，2035年深圳常住人口规模1900万人。深圳全市2022年年末常住人口1766.18万人，规划的"人口余额"不足，仅有133.82万人。如何利用好"余额"十分重要。四是人口增长带来的"城市病"严重，交通拥堵、生

表4-2　深圳2015—2022年人口增量

年份	常住人口增量（万）	常住户籍人口增量（万）	常住非户籍人口增量（万）
2022	-1.98	27.08	-29.06
2021	4.78	42.29	-37.51
2020	52.98	19.32	33.66
2019	44.28	40.08	4.2
2018	78.81	19.98	58.83
2017	91.96	50.2	41.76
2016	87.3	29.53	57.77
2015	90.19	22.78	67.41

注：上表根据《深圳统计年鉴》与深圳市统计局网站公布的数据整理。

活成本高等问题会持续限制城市发展。

（2）产业工人短缺的问题。

统计数据显示，2022 年全市规模以上工业增加值同比增长 4.8%，增加值首次突破 1 万亿元，总产值突破 4.55 万亿元，规模以上工业总产值和全口径工业增加值居全国城市"双第一"。工业复苏成为带动深圳整体经济恢复的主要动力，但是普通工人和技术工人"找不到、招不来、留不住"成为一大问题。比如，国家统计局发布的《农民工监测调查报告》显示，2020 年在珠三角地区就业的农民工为 4223 万人，比 2019 年减少 195 万人；2021 年在珠三角地区就业的农民工为 4219 万人，继续小幅减少，而在江浙沪地区就业的农民工比上年增加 160 万人。产业工人的减少，使得深圳不少制造业企业都面临招工难问题。建筑行业中，施工企业通过劳务公司挂靠经营，劳务公司再层层转包，导致劳工队伍素质良莠不齐、人员流失率大。多数劳务公司没有给劳务工人办理养老、失业、医疗、工伤等保险，构成了潜在的产业风险和社会风险。

随着结构升级，深圳制造业逐渐向高、精、尖方向发展，对产业工人的劳动技能和素质提出了更高的要求。产业工人在深的生活成本逐年增加，但是收入增速有限，再加上工人对自身职业认可度低，企业对工人的技术培训和再教育投入有限，这些都导致劳动工人队伍流失严重，缺工问题严重。据深圳市人社局数据，2022 年深圳技术工人仅占全市就业人员的 32%[①]，远低于瑞士

[①] 参见 2022 年深圳市人力资源社会保障工作会议公布的数据。

（47%）、日本（46%）、德国（45%）和美国（40%）。

（3）高素质人才引进的问题。

近年来，深圳紧紧围绕经济社会发展需求，先后出台了多项人才引进的政策。截至2022年，深圳共有全职院士86人，高层次人才2.2万人，成为经济特区建设的重要力量。但是存在的问题也比较突出，比如高层次人才占全市人才总量的比例仅为0.3%，比例偏低；在新兴产业，如数字与时尚、海洋经济，高层次人才尤为稀缺；在集成电路产业，深圳的人才需求在全国占比为11.3%，但人才供给占比仅为6.8%。

总体来看，深圳的人才引进问题主要有：第一，国际人才流动是由全球人才市场定价引起的，而深圳的薪酬和社会福利水平尚不具备全球竞争力。比如，深圳个税税率高于周边国家或地区，中国香港是2% ~ 17%，新加坡是2% ~ 20%，加拿大是15% ~ 33%。深圳已经对外籍和港澳人士进行了个税减免，但是持有中国国籍的海外人才和留学人员并不享受此政策。相比之下，天津生态城对于紧缺专业人才年薪在一定水平以上的、在生态城购买自住住宅的，按期缴纳的个人所得税，生态城留成部分的100%，给予财政返还；上海自贸试验区实施境外人才个税补贴，其他区对于本地的创业和产业紧缺型人才的所得税也给予一定比例的财政补贴；横琴粤澳深度合作区的新政规定，境外人才实际税负不超过15%，澳门居民在合作区个人所得税超过澳门税负的部分予以免征。这些举措都是为了在全球竞争中提高自身吸引、引进和储蓄国际人才的能力，都值得深圳借鉴。第二，深圳在住房、医疗、教育和其他社会公共服务方面对国际人才的吸引力不及北京、上海。国内一线城市中，虽然京、沪、深的房价大致相当，但是 2022 年深圳三甲医院的数量仅为 30 家，不仅远低于北京（81 家）和上海（69 家）的水平，甚至未能进入全国排名的前十名之列（排名第十五）。深圳的国际学校有 70 多所，大部分集中在蛇口和华侨城片区，盐田、光明和大鹏发展滞后，获得国际认证的就更少。2022 年胡润百富发布的中国国际化学校百强中，北京因有 25 所上榜而排名第一，上海因有 24 所上榜而排名第二，广州以 9 所名列第三，苏州以 8 所名列第四，深圳以 7 所名列第五。深圳需要加强社会公共服务配套，尤其是教育配套，才能满足城市国际化发展对引进海外人才的需要。第三，从具体的政策实践上看，引进的人才以应用研究型居多，缺乏对基础性研究人才力量的长期投入；人才工作中存在"重引进、轻配套"的问题，高层次人才的研修津贴较少；用人单位的文化、经营和管理机制等问题，不能为人才提供高效、国际化的配套条件和工作环境，限制了人才高效发挥；本地人才和"空降"的引进人才适用不同的体制机制，容易产生矛盾。

3. 资本

2020 年是深圳经济特区建立 40 周年、A 股市场开始交易 30 周年，深圳的资本市场在经历 30 年的发展后取得了举世瞩目的成绩。截至 2022 年底，深圳上市公司总数达 535 家，其中 A 股上市公司 405 家，占全国的 1/8，A 股非国有上市公司共 328 家、市值 7 万亿元，均居国内城市首位，市值约为第二名的两倍，而且各个"量级"的上市企业都有，整体结构合理。另外，2021 年全

年，深圳全市新设外商投资企业近 6000 家，实际使用外资超 100
亿美元，同比增长超 20%；2022 年实际使用外资达 110 亿美元，
再创新高，占全省比重为 39%。资本市场的成熟，外部资本的持
续引进，成为深圳实现高质量发展的重要保障。

但是，与世界一流水平相比，深圳的差距十分明显。比如，
从所有上市公司总市值来看，深圳证券交易市场进入世界前十，
但是排名位于末端（第八），不及上海（第四），市值尚不到排名
第一的纽约证券交易所的 1/10；在市场开放程度上也处于起步阶
段，尚不具有外汇市场、商品期货市场和金融衍生品市场等平台
功能。

综合分析来看，四个问题比较突出：

（1）深圳在吸引外资上遇到了"瓶颈"。

2020 年，深圳利用外资总量（86.8 亿美元）在全国排名第
五，低于上海（202.3 亿美元）、北京（141 亿美元）、武汉（111.6
亿美元）和重庆（102.7 亿美元），成都（77.6 亿美元）紧随深圳
之后。2021 年，深圳利用外资在全国排名有所提升，名列第四，
2022 年排名升至全国第三，达到 110 亿美元，但是和上海（239.56
亿美元）、北京（174.1 亿美元）相比差距较大。另外，和自身相
比，深圳吸引外资的增速减缓。以外商直接投资为例，2018 年
约为 82 亿美元，2019 年下滑至 78 亿美元，2020 年、2021 年、
2022 年有所回升。其中的原因是多方面的，除了与深圳自身房价
高、土地供应紧张、劳动力成本上升等有关，也与国际投资者进
入中国的目的（挖掘中国市场、服务中国消费者）、紧张的中美经
贸关系和地缘政治局势等相关。但是，政府还是应当重视自身问

题，努力优化营商环境，开创对外开放的新格局。

（2）特色金融发展滞后。

受国家整体金融对外开放政策的影响，深圳 2020 年宣布将致力于发展特色金融，主要关注科创金融、绿色金融和金融科技。这对未来深圳科技创新和经济的绿色转型有很大助益。截至 2022 年第二季度末，深圳绿色贷款余额 5857.9 亿元，与上年同比增长 50.9%。深圳在这个方面有优势，但是相较于发达经济体，深圳在市场、监管、技术等方面仍存在巨大的差距。

比如，美国为了鼓励金融科技创新，实行"无异议函"的政策：对相关金融科技公司进行审查，符合条件的可以获得"无异议函"，以减少金融科技公司后期受到不确定的监管风险，为金融科技公司的发展创造良好的环境。英国实行"监管沙箱"政策，为准入公司测试新的金融产品、模式和科技提供更宽松的合规空间，以发现其潜在风险、缺陷，决定事后是否批准金融产品进入市场。

又如，绿色金融的产品大致分为四种，即零售银行业务、绿色信贷、资产管理产品以及绿色保险。深圳的绿色金融融资产品主要面向大型企业以及政府参与或主导型的环保项目，很少推出针对个人、家庭的绿色金融产品，进而导致绿色金融产品难以渗透到社会各个领域，影响力与融资能力受限。而在欧美国家，一些大型银行与保险公司已纷纷推出零售业务与绿色保险业务。另外，根据《中国绿色债券市场简报 2021 年上半年度》，中国绿色债券上半年的发行总量为 376 亿美元，同比增长 58.1%。其中，58%（220 亿美元）的债券符合国际绿色债券定义，其中 77% 在中国境内发行。深圳证券交易所绿色债券发行量占总量的 3%，低于上海证券交易所的 19%，其他 78% 在中国银行间债券市场上发行，这显示出深圳在发行规模、绿债认证和"走出去"上仍需努力。

（3）创投业呈现整体下滑的趋势。

深圳创投行业整体实力在全国属于第一梯队，但近几年的整体优势正在逐渐丧失，与北京、上海的差距在逐步拉大。当前，深圳创投行业无论是基金设立情况、规模增速、投资市场，还是普通合伙人的排名竞争力等都呈现趋势性下滑态势。

从募资角度看，据清科数据统计，2021 年深圳新增股权投资基金管理人 45 家，位居全国第四，低于北京（94 家）、上海（58家）和三亚（51 家）；新增备案基金数量为 665 家，位居全国第三，低于嘉兴和青岛；新增上市企业的首发融资额为 520 亿元，位居全国第四，而在这一指标上，北京为 2896.8 亿元，上海为1183 亿元，杭州为 520.33 亿元。

对比深圳、北京、上海三地近 10 年与近 5 年的本地机构管理资本量发现，深圳本地创投机构平均管理资本规模已从近 10 年的16.19 亿元萎缩至近 5 年的 10.58 亿元；而上海本地创投机构管理的平均资本规模由 16.35 亿元升至 23.10 亿元，北京则从 19.82 亿元大幅跃升至 33.08 亿元。

受制于募资端的压力，深圳本地的创业投资活跃度受到负面影响。2021 年，深圳创业投资案例总数为 1624 例，金额为1439.42 亿元，远低于北京（2433 例、2917 亿元）和上海（2393例、2802.9 亿元）的水平。2022 年上半年，全国各主要城市的投资案例数都出现了下滑，深圳 544 例（320 亿元），比上年同期减少 30.3%，落后于上海 659 例（490 亿元）、北京 713 例（614 亿元），但是减少幅度小于北京（43.6%）、上海（46%）。

（4）国有资本发挥的作用不明朗。

国有企业从以往的管企业或者管行业逐渐转型到管资本，一些人将此视为新加坡"淡马锡模式"的改革。这种改革对中国的民营企业产生了深刻的影响，中国国有企业和民营企业的分布也开始出现"新加坡化"。以往，国企管理企业和行业表明国有企业是有边界的，即国有企业集中在几个行业，其他的行业则是民营企业占据主导地位。但管资本则不然，其原则是国有企业并非一定要限定在几个特定的领域，国有企业的目的是保持国有企业所持资本的增值。在这种改革模式下，原来国有企业和民营企业之间的"分工"和相对均衡的状态很难维持。

4. 技术

深圳在技术研发和转化应用上具有得天独厚的优势，产业发达，科研投入力度大，新型科研机构不断发展，但是也存在着短板，面临着新的问题。

（1）国际局势复杂多变。

这就使得中国对外科技交流和合作遇到巨大的困难。比如美国瞄准中国的高新产业，从对外贸易、高科技产品出口、企业融资等方面加以限制。深圳作为外向型经济体，中兴通讯、华为、华大基因、比亚迪等头部企业的对外业务、技术引进和交流、科创、融资等都受到影响，对深圳的经济产生了很大的负面影响。

（2）深圳的源发性创新力与基础研究。

深圳的科研更重视技术开发和应用，对基础研究投入相对较少。2018 年，深圳基础研究经费占全社会研发投入比重为 3.13%，低于北京（14.7%）、上海（7.7%）及全国（5.5%），更低于东京（16.5%）、纽约（15.6%）、伦敦（15.2%）[①]。

自然指数通过统计《自然》（*Nature*）、《科学》（*Science*）等顶尖期刊上的研究性论文数量，来衡量一个城市的基础科研水平。2021 年，深圳全球排名第二十八，分值为 412.53，远低于北京（排名第一，2895）、纽约（排名第二，2141）、上海（排名第五，1591），落后于如南京、武汉、广州、合肥、天津，略高于西安、成都。目前，深圳市政府明确到 2030 年，全市基础研究经费投入占全社会研发经费投入比重达 8% 以上，并从 2020 年开始大幅度增加基础研发费用，2020 年增长 111.9%，2021 年继续高速增长 67.4%，达到 122.02 亿元。这显示了政府实现高质量发展的决心。

（3）区域的协同性创新。

世界知识产权组织发布的《2021 年全球创新指数报告》显示，排名前十的科技集群依次是东京—横滨、深圳—香港—广州、北京、首尔、圣何塞—旧金山、大阪—神户—京都、波士顿—剑桥、上海、纽约、巴黎。在东亚，中国、日本、韩国三国城市表现抢眼，从论文和专利数量来看，正在赶超硅谷（圣何塞—旧金山）、波士顿等西方老牌科创中心。

---

① 数据来源于 2019 年 10 月深圳市第六届人大常委会第三十六次会议审议的《深圳市人民代表大会常务委员会执法检查组关于检查〈深圳经济特区科技创新促进条例〉实施情况的报告》，以及《深圳市人民政府关于加强基础研究和应用基础研究情况的专项工作报告》。

一方面,深圳所处的粤港澳大湾区,虽然是世界排名第二的科技集群,但是三个核心城市广州、香港、深圳之间的协同创新仍未形成相互依存、相互助力的矩阵型合作发展机制。须知,重大科技项目的攻关需要知识的积累和各大科研机构的分工合作,粤港澳大湾区科技集群中的三个核心城市只有减少同质化投入、加强对话和协作,才能真正成为世界创新中心。

另一方面,排名第一的东京—横滨遥遥领先,在专利合作条约(PCT)体系下,专利申请量高达 113244 件,比排名第二的深圳—香港—广州多 40985 件。东京—横滨有许多世界著名企业,如丰田、日产、索尼、松下等。如何继续充分发挥企业的创新主体作用,是深圳未来在协同创新上需持续改革并开发新机制的重要努力方向。

(4)政策设计上"技术创新"的误区。

技术创新,在多数情况下被理解为在特定领域(如生物医药、信息网络、新材料、新能源等方向)实现高、精、尖科技上的重大突破,但其实创新的涵盖范围广博且实现形式多样。对现有成熟技术应用方式或者商业模式的创新、生产工艺的改进同样属于创新范畴,甚至一些因为实现周期长而无法当期显示重大意义的基础性工作(如搭建完善的产学研体系、促进不同企业之间的协作、增强政府对科研机构和科研活动的引导能力)、观念与文化思想上的更新与颠覆都属于广义上的创新范畴,对改革和技术进步以及产业的发展起显著推动作用,也应当受到政府的鼓励、支持和协助。

5. 数据

近年来，中央相关会议逐步明确数据的生产要素属性，并强力推动数据的有序开放、共享和利用。2019 年 10 月 31 日，中共十九届四中全会通过的《中共中央关于坚持和完善中国特色社会主义制度、推进国家治理体系和治理能力现代化若干重大问题的决定》中指出："健全劳动、资本、土地、知识、技术、管理、数据等生产要素由市场评价贡献、按贡献决定报酬的机制。"这是中央文件首次增列"数据"作为生产要素。2020 年，《中共中央国务院关于构建更加完善的要素市场化配置体制机制的意见》进一步提出，要加快培育数据要素市场，充分挖掘数据要素价值。根据分析，深圳在数据要素方面目前存在的主要问题可以概括为三个：

（1）过分强调数据的经济属性，忽视了数据开放共享、有序高效流转带来的溢出效应。

深圳对数据的关注大多在于发展数字产业、推动数字基础设施建设，并探索数据要素的交易、流转、保护等，强调数据要素的经济价值。可用于流转、交易的数据要素必然要求数据要素具有排他性、收益独享，否则交易不可能达成。但其实开放、共享的数据作为全社会的共同资源，所能创造的溢出价值是巨大的。针对个人兴趣及偏好的网络阅读与购物推荐，整合各类信息的企业经营状况研判，极具个性化与人性化的消费服务——大数据对公司和市场动态的把握、对数字政府建设和提升治理能力现代化都有明显的促进作用。从这个角度讲，建设开放、共享的数字公共资源至关重要，也是探索建立具有一定排他性、可流转、收益可以独享的数据要素交易市场的第一步。

（2）数据交易的市场和制度建设等关键举措落后。

以数据交易市场为例，香港大数据交易所于 2014 年 12 月成立，贵阳大数据交易所于 2015 年正式挂牌运营，此后华中大数据交易所、北京国际大数据交易所、上海数据交易所、中新天津生态城北方大数据交易中心等相继成立。据不完全统计，截至目前，国内已公布（含筹建）的大数据交易所（中心）已超过 30 个。深圳的数据交易所于 2022 年 11 月揭牌成立，落成时间较晚。

各地的数据交易市场虽然比较多，但是相关制度和框架建设还在起步中。深圳数据交易的制度建设要尽早明确几个重大问题。比如：在交易模式上，深圳市场是交易基础数据，还是对数据进行分析、建模后再交易；数据交易所是简单地扮演数据的"买卖中介"，还是也扮演数据供应商的角色；如何打破行业、企业、政府机构之间的数据壁垒。这些都需要政府部门尽早规划，与交易市场同步启动。

（3）调动企业的市场主体作用——数据要素的进一步探索。

当前我国大力推动数据强国建设，高度重视数据的开发利用、数据隐私保护和数据出境管理。当前存在的问题比较突出：数据产权、定价和交易的底层市场逻辑不明确，阻碍了市场交易；与数据隐私保护范围相关的法律法规不清晰，增加了企业的合规成本；多数数据交易市场扮演了数据供应商和消费者之间的交易中介角色，商业模式较为粗糙，不能充分发挥数据交易市场在数据交易中的作用；政府掌握了多数数据，仍需进一步挖掘政务数据的价值，推动政务数据有序开放、共享和利用，充分调动数据企业的积极性，促进数据要素的合理配置。

二、影响生产要素的重大变革

上文分析了深圳在五大生产要素方面面临的主要问题，提出了相关建议。五大生产要素还受到外部因素的影响，它们存在、发挥作用的方式处于变化和调整过程中。本节归纳了目前发展中需要重视的三个历史性变革，可能会对五大生产要素产生长期影响：

第一，深圳发展的外部环境的不确定性增加。国际地缘政治局势更加复杂且多变，美国对中国在科技、人才、投资等方面的限制越来越多。这对深圳的出口、吸引外资、企业跨国投融资和技术引进等产生了较大的负面影响。欧美国家与其他新兴经济体的贸易、投资发展，导致深圳在对外经济关系中面临更加激烈的竞争。

第二，"双碳"和可持续发展的压力。2020年9月，国家明确提出2030年碳达峰和2060年碳中和的目标。作为建设中国特色社会主义先行示范区这一崇高使命的担当者，深圳在"双碳"目标上也要快人一步。根据广东省2025年碳达峰的总体要求，深圳要在2030年前实现碳达峰的目标，任务十分艰巨。"双碳"政策只是深圳建设可持续发展先锋城市的一部分。这就要求深圳在能耗、清洁能源开发和使用、垃圾处理和分类回收、建筑物节能、城市绿化等多个方面适应可持续发展目标的要求。

第三，经济高质量发展的目标。在深圳努力率先实现社会主义现代化的过程中，很重要的一点是实现经济的高质量发展，即实现产业结构的转型升级。通过智能化、信息化实现传统制造业的升级改造，同时发展战略性新兴产业以及相关的专业化程度高的科技信息、金融等服务业。

前述三大变革对深圳在五大生产要素上的影响较为深远。可以归结如下：

（1）短期影响。

第一，投资和消费萎缩。市场信心不足，消费者会减少不必要的消费、增加储蓄。再加上 2022 年美联储加息的影响，国际资本会在一定程度上回流美国，这会导致中国资本市场出现一定程度的低迷。目前的金融市场已经显露颓势，中国股市陷入震荡期。

第二，劳动力市场低迷。企业经营困难，服务业低迷，农村进城务工人员出现"返乡潮"，新一届大学毕业生进入劳动力市场，进一步加大了就业压力，且他们更倾向于选择稳定性强的工作，导致结构性的就业难问题更加突出。

第三，土地供需关系。土地供需紧张关系有望得到缓解。人口压力和企业扩张规模意愿的减弱，可以暂缓深圳在建设用地供给方面的压力；房价小幅回调，有利于房地产市场的长期稳健发展。类似的调整是一把双刃剑，一方面房地产市场低迷会加剧经济增长放缓的势头，另一方面也是深圳巩固房地产调控成果的时机，有助于促进房屋出租和出售价格回调到更加合理的区间。

（2）长期影响。

第一，人口方面，目前社会上晚婚晚育现象越来越普遍，生育率持续下降，"70 后""80 后"的生育意愿已经基本释放，而"90 后""00 后"的就业、生活观念不同，可能导致人口增速放缓，人口规模的"拐点"可能会提前到来。另外，对比2000年和2020年深圳常住人口的年龄结构可以发现，深圳人口老龄化的趋势加快，福田、罗湖、盐田等区老龄化的现象已经十分明显。人口规模和结构的变化对深圳合理规划各种公共产品的供给规模有重要的启示意义。

第二，在产业结构升级和可持续发展的双重影响下，土地、劳动力数量和人口规模对深圳的制约作用会被削弱，高素质人才、资本、技术和创新、数据对深圳经济发展的作用会愈发凸显。按照目前的就业结构来看，深圳大约70%的人口为就业人口，其余为非就业人口，就业人口中的近六成在服务业任职。深圳未来的政策目标是吸引高素质人才和创新产业需要的高素质劳动者，这部分人占总人口的二至三成；在教育、医疗、住房、消费等方面"照顾"好人才和高素质劳动者的家庭成员，这是保证城市对人才的吸引力的重要因素；保障服务产业劳动者在深圳有质量地工作和生活，这是保证整个城市经济活力的关键。

第三，任何经济及社会的变革都会产生正面和负面的效应，变革导致的产业"洗牌"会出现所谓"赢家"和"输家"。深圳要高度重视经济转型和可持续发展带来的双重效应：战略性新兴产业和专业服务业的兴起会造就一批高收入群体，进而拉高整个城市的生活成本（包括房价）；同时，旧的产业和产业集聚的地方会衰落，就业人口的工作机会和报酬会减少，甚至失业。另外，产业政策设计要努力促成新旧产业的顺利交替，以减少产业升级带来的阵痛和对整体经济发展的影响，在推进可持续发展目标实现过程中要坚持尽力而为、量力而行。

第5章

深圳率先实现社会主义现代化的路径选择

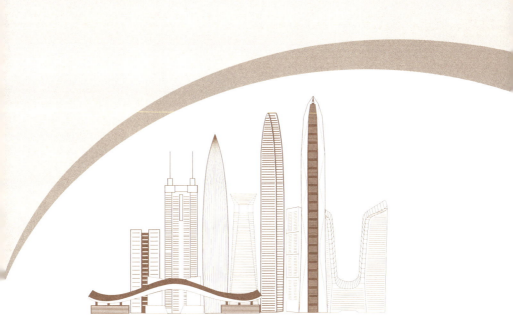

前四章分别讨论了社会主义现代化对深圳的基本要求，深圳的历史使命、社会主义现代化指标体系的构建、国外城市推进现代化建设的经验，以及深圳在五大生产要素方面面临的问题，指出了深圳在达到世界标准、实现共同富裕和促进大湾区协同发展等方面的差距，这些都有助于进一步明确深圳社会主义现代化建设的整体路径选择。本章将系统地总结前面的分析，提出深圳率先实现社会主义现代化路径选择的两个基本原则、六个战略目标以及相应的政策建议。

一、两个基本原则及其政策建议

深圳在社会主义现代化建设中要把握两个基本原则：坚持系统思维，维持政府、市场和社会的均衡发展；转变政策思路，实现从扶优型政策到平台型政策的转变。

1. 坚持系统思维，维持政府、市场和社会的均衡发展

中国改革开放的伟大成就就在于实现了经济快速发展、社会

长期稳定，为全面建成社会主义现代化强国提供了坚实的保障和前进的动力。在建设中国特色社会主义先行示范区的新征程上，深圳要坚持系统性思维，维持政府、市场和社会的均衡发展。这是深圳实现社会主义现代化的一个大方向，也是实现法治政府、高质量发展和社会进步的题中应有之义，是社会主义现代化有别于其他模式的必然要求。

坚持系统性思维的基本要求是防止三者中任何一方的权力和意志无序扩张，尤其是政府要自我约束、信守承诺。一是政府要摒弃传统思维，不能为了维护秩序，依靠行政命令、法规等来强制干预，而是要尊重市场和社会运行的规律，通过引导、协调、推动行业自律和社区自治的方式来实现善治。二是政府要放弃全能政府的思维，对于经济和社会问题不能大包大揽，而是应坚持量力而行。在产业政策的制定上，着力打造开放、公开、公平的服务平台，为不同类型的企业和个人实现自我抱负提供机会。在民生领域，重点加强基础性、普惠性、兜底性民生保障建设，切实兜住困难群众的基本生活底线。三是政府要重视公权力的信誉，提高政府的公信力，尤其是恪守政府对企业的承诺，以稳定市场预期。国有企业和国有资本不能借助自身的特殊市场地位，片面地追逐利润，而应实现企业发展、国有资本增值和社会福利整体提升的平衡。

坚持系统性思维的难点在于资本的不断扩张，并且试图实现土地、劳动力、技术等生产要素的"商品化""资本化"。生产要素的市场定价、自由流转是实现资源高效配置的重要手段，但是可能给经济、社会和环境带来一些负面影响。比如，经济学家认为，经济周期性衰退的原因之一在于"发达"经济的一个重要标志就是高端服务业（金融服务、银行等）占国内生产总值的比重较高，这些服务业是服务于实体经济的，但是往往其发展速度、短期收益远远大于实体经济，导致经济比例失调，诱发周期性衰退。生产要素的"资本化"还忽视了人的社会属性、土地等的环境属性。这些都会导致治理上的问题，甚至诱发社会和环境危机，处理不当的话可能诱发大的社会动荡。

坚持系统性思维的重点在于发挥政府对市场和企业、社会和市民的引导作用，推动资本、企业的逐利性与合规经营、社会责任的统一。

第一，政府要积极引导企业自觉服务于国家对经济发展的整体规划，自发地思考企业决策的社会效应和环境成本，引导企业把自身发展与社会主义现代化建设的战略需求结合起来，在劳动者权益保护、平衡资本报酬和劳动报酬、可持续发展等方面发挥主体作用。

第二，政府要积极推动行业自律和社区自治，提升企业和社区自我治理的能力，促进企业自发成为合规经营、自觉服从国家发展大局的主体，让社区成为发展城市文明、维护社会和谐与践行可持续发展理念的先锋。

第三，政府要限制资本在民生领域的无序扩张，遏制资本依靠垄断市场地位来打压竞争者、攫取超额利润的行为，维护良好、有序的市场竞争局面。

第四，增强资本市场服务实体经济的枢纽功能，保护投资者的合法权益，引导企业、投资机构更多地通过提高企业竞争力和改善长期基本面来盈利，而非通过短期投机攫取资本利润。

2. 转变政策思路，实现从扶优型政策到平台型政策的转变

目前政府的工作思路存在一种普遍思维，即集中优惠政策、财政资源、政治支持等，扶持和培育"种子选手"，期望以点带面，实现整体水平的提升。这种工作思路具体表现为：第一，在人才引进政策上，较多关注高层次人才，以期实现关键科技领域的突破。第二，重视外资的作用，并提供更加便捷的"一站式"服务，在公共服务中重视特殊群体（在地工作或居住的外国人、港澳人士等），给予特殊待遇。第三，在产业政策的制定上，给予战略性支撑行业较多的财政资源扶持，特别是对头部企业的金融扶持、政策优惠比较明显。第四，给予特定区域政策优惠，以实现资源的集聚效应，推动快速发展。

这种工作思路在过去长期实践中被证明是有效的，可以在关键领域、产业和特殊群体集中有限的资源，以点带面，形成全面发展的格局；小范围政策试点，然后大规模推行的做法也可以有效规避风险，减少政策变化带来的不确定性。但是，随着中国特色社会主义进入新时代，经济发展进入新常态、新阶段，过去的"扶优"思路的边际效益在逐渐降低。

全面建设社会主义现代化，深圳要转变思路，实现从扶优型政策到平台型政策的转变，主要原因有三：

第一，对某些群体、企业、产业或者区域在政策上实行差别对待，可能人为地制造政策壁垒，不利于统一市场、统一制度的形成，也不符合开放市场经济条件下公平竞争的原则，在特定情

形下可能会增加寻租空间、滋生腐败。

第二，在主要城市、自贸区之间存在着"逐底竞争"的风险，即国际政治经济学中的"Race to the bottom"（竞相降低标准）的概念。其本意是指在发展中国家之间的恶性竞争，通过降低本国的税率、劳动力保护和环境标准，来吸引外资进驻，结果发展中国家普遍受损。在中国地方政府之间，类似的竞争已经开始。一定程度上，中国主要自贸区和主要经济省份之间，围绕补贴力度和环境管制存在着竞争关系，人才引进围绕城市补贴和优惠力度也存在着竞赛。盲目卷入类似的竞赛只会增加政府的财政成本，政府放松管制会带来不确定的风险，助长企业或者人才的投机心理。目前已经出现这种情况，企业在一个自贸区享受完政策优惠之后，就转移到下一个自贸区，并没有心思扎根下来。

第三，社会科学的实证研究表明，随着经济发展水平的提高，特定领域的税收优惠、财政补贴等扶优型政策带来的边际收益会降低。我国经济发展进入新常态，单纯依靠基础设施投资、财政补贴或者减税等方式拉动经济，其作用在逐渐减弱。

综合考虑上述因素，深圳应当进一步转变思路，深化改革，实现从扶优型政策到平台型政策的转变；但并不是要废止前者，而是要二者兼顾，并把主要的财政资源和行政能力用在后者。这个转变及新时代深圳经济社会高速发展的实现，需要尊重市场的主体作用，为市民增强自我发展能力、实现个人抱负创造更加普惠公平的条件，打造公平公正的创业平台，把深圳打造成为连接中国和世界、社会利益和资本利益均衡的经济平台。要不断创造吸引优质生产要素（高素质人才和技术工人、资本、技术等）的硬件和软性条件，使其源源不断地流入深圳，并发挥最大效应。具体来看，政府需要：

第一，在人才引进上，深圳要推动从过去依靠政策比较优势吸引人才向依靠优良的环境和文化集聚人才的转变，以城市营商、居住环境的整体提升为关键，逐渐构建更加开放、包容的城市聚才新格局。纵观人才引进、企业和科研机构的研发活动、研发成果转化这一链条，政府的财政资源和政策优惠的重点可以后移，由企业、大学等筹措启动资金、自主选拔人才，政府主要扶持中后端的活动。

针对劳动力结构失衡的问题，应按照产业和社会发展的需要，合理搭配组建拥有初级劳动力、中端技术工人和高端人才的整体队伍，同时依据人口的年龄、性别分布情况，在落户政策上采取更加细致的安排，尤其要重视各区性别比例失调的情况，鼓励政府机构、社会团体关注青年的单身问题。

第二，在产业政策设计上，要兼顾横向产业政策（对营商环境、政府效率、产业搭配、要素流动、融创环境等基础工作的整体提升）和纵向产业政策（对特定产业、特定企业的扶持）。对于已经稳定发展的头部企业和重点行业，可以减少直接补贴，更多地扶持和它们协作关系密切、专业化程度高的中小型企业，扩大产业集聚效应。

第三，在科技创新方面，注重平衡扶优型政策和平台型政策。比如，科创不是"百米赛"，而是"马拉松"。政府应当制定中长期科技创新规划（避免为了短期冲刺而"上项目"），在高等教育、基础研究、学术交流等基本功上持续发力。在战略性行业的科研扶持措施上，应加大对中小企业的扶持力度，但是要注意协调配合龙头企业的产业需求和发展方向。应注重政府资金的引导作用，防止在财政上"大包大揽""大水漫灌"，科学而均衡地分配对科研前期（人才引进、设备采购、办公空间租赁等）、中期（科创金融、技术资本化等）和后期（专利申报、技术转化等）的扶持力度。

第四，全面理解创新的内涵和影响，同等重视基础研究和应用研究，不能忽视对基础领域的投入，也不能轻视应用技术的改良、应用和推广。要注意发挥政府或者专门协会在协调科创资源、促进城市内和区域内人才交流方面的作用。要注意科技创新和产业升级的负面作用，对于因产业升级而受到影响的劳动力应做好职业培训，对于衰落的工业区应进行重新规划利用，促进工业转型。要同等重视技术引进和自主创新。一方面引进的技术经过学习和消化，有可能产生创新；另一方面自主创新也是建立在现有知识、技术的基础上，二者相辅相成、不可偏废。政府应在促进科技交流、技术设备引进等方面提供政策扶持。

第五，在前海先行先试的过程中，需规避因对前海的政策开放和支持造成深圳各区互相"内卷"的风险；应当鼓励前海在前沿领域、高端领域不断创新，开拓新的"增量"，而不是与深圳其他各区争夺"存量"。因此，应当将前海已经成熟的试点政策加快推广到深圳其他地区或者更大的范围。前海不应过多关注深圳整体上已经发展成熟的经济增长点。在前海长期未能完成突破的制度障碍、长期未能实现显著成长的产业和领域，应当允许和鼓励深圳其他地区开展相关的试点工作。

二、六个战略目标及其政策建议

结合前面的两个原则以及第三、四章的分析可知，深圳的社会主义现代化建设要突出六个战略目标：打造韧性社会体系，提高城市抵御系统性风险的能力；建设宜居城市，助力优质生产要素集聚；建设现代化要素市场，加速构建高质量发展新格局；改革行政体制，推进政府治理体系和治理能力现代化；推进协作治理，形成"共商愿景、共担责任、共享利益"的新治理格局；立足湾区、面向世界，推动深圳在规则、制度上的"第二次入世"。营造有坚强韧性、有宜居品质、有共同愿景的经济和社会平台，是城市实现社会有效治理和进步、经济高质量发展的关键。

1. 打造韧性社会体系，提高城市抵御系统性风险的能力

20 世纪 80 年代，德国社会学家乌尔里希·贝克和英国社会学家安东尼·吉登斯提出了一系列关于"风险社会"的概念和理论。他们认为，在后工业化时代，风险具有如下特点：风险爆发的根源具有内生性，社会、经济和技术等因素可能诱发系统性风险；风险的后果和影响具有延展性，可能超越地理边界，甚至波及后代；风险的后果更加严重，虽然现代化提高了人们应对传统风险的能力，但是并不意味着人类生活的世界更加安全了；应对风险不能单靠经济和技术的方法，还要努力提升社会治理的成熟度和社会整体的反思能力。

中国近年来基本上实现了经济的可持续发展、社会的可持续稳定和制度的可持续支撑和引导，但是经济增长放缓、资本快速

扩张、复杂的外部环境等已经对这种平衡关系造成了一定的影响。"十四五"规划首次提出建设韧性城市，要求党和政府从战略高度思考复杂局势下，如何具有保证整个社会和经济抵御风险、平稳运行的能力。

韧性的英文为"resilience"，通常翻译为"弹性"或者"复原力"。2002 年，倡导地区可持续发展国际理事会（ICLEI）首次提出"城市韧性"议题，并把这一概念运用于城市与防灾研究中。《联合国 2030 年可持续发展议程》中也明确提出了"加快韧性基础设施建设""建设更加包容、安全和有韧性的城市和居住区""增强社会韧性、降低贫穷者面对气候灾难和诸多灾难的脆弱性"等发展目标。

从狭义上讲，"韧性城市"最初主要应用于城市防灾减灾领域，是指城市在面对自然灾害时，各种基础设施可以有效地抵御灾害冲击，并在灾后具有恢复运转的能力。随着城市人口的快速增长，城市经济社会发展水平的不断提高，城市不确定性的日益增加，"韧性城市"开始转而应用于构建系统的城市安全体系。深圳市 2021 年政府工作报告也提出着力打造韧性城市，着重关注居民生活必需品、城市能源、公共卫生等战略物资和应急物资保障，以提升城市在极端天气、公共卫生事件、能源和供水等危机中抵御风险、中期自适应和灾后恢复的能力。从广义上讲，韧性城市要求城市具有抵御各种系统性风险的能力，包括经济危机、公共卫生事件、恐怖袭击及战争等"黑天鹅"事件，以确保在危机中能够快速响应，维持经济社会的正常运转，基本的物资保障和城市的其他"生命线"畅通，并且在灾后可以迅速恢复到常态。

政府应当从战略层面关注更加广泛意义上的风险，建设韧性社会体系，不断提升城市空间和基础、经济社会抵御未知风险的能力：

第一，在公共安全方面，关注环境的脆弱性和长期变化的趋势。对于因海平面上升、气候变暖、极端天气等可能带来的地质灾害、森林火灾、城市内涝等问题进行前瞻性分析和预测，制定相应的城市规划策略，在灾害预警、防灾减灾和灾后恢复上常备不懈。

第二，在经济方面，设法降低经济整体运行的风险水平，降低重点行业、龙头企业的债务水平和企业融资成本。提高核心产业供应链抵御风险的能力，结合自主创新、进口替代、多元化进口渠道等多种方式，提升核心产业供应链的稳定性。在对外贸易方面，在稳住欧美市场的同时，积极挖掘东南亚、中东、非洲和拉美等新兴市场；重视国内市场，积极挖掘与刺激内需；强化与国内对外开放口岸、外贸及边贸城市的经济协作，开创深圳对外贸易和经济合作的新局面。在产业政策上，既要照顾好新兴战略行业，也要照顾好创造就业机会多、经营方式灵活、利润空间小但足以"养家糊口"的中小微企业。同时，政府要努力以市场化、法治化的手段调控住宅与商用地产租售价格，使市场供需达到基本平衡的状态，降低居民和企业的债务负担。这样也可以间接地提高居民可支配收入和消费水平以及企业的再投资能力。

第三，在社会治理方面，政府要注重与市民的沟通，尤其是处理好热点舆情事件。对于社会舆论不能简单地"封堵"，也不能一味地顺从"民意"，而是要变压力为机遇，把舆情作为宣传政府政策、提升政府形象、把握提升公信力的机会，并引导公众讨论一些政策议题，培育更加理性、成熟、健康的公共空间。政府要提高决策的透明度，依法推进信息公开。政府面临的一系列困难比如财政困难、人手紧张等，可以开诚布公征求社会意见，获得更广泛的意见、理解和支持，这样也可以间接地鼓励市民配合公共政策的执行，从而提升市民的城市归属感。同时，还要努力提高市民的忧患意识、分辨是非的能力和科学知识水平，在危机来临的时候做到不信谣不传谣，相信科学，相信政府，应对有度。

第四，在智慧城市建设方面，要持续建设和完善"城市大脑"等新型信息基础设施。要打造一个全天候的城市危机预警和应急指挥系统，对各类自然灾害、公共舆情、影响社会稳定方面的突发事件进行常规性演练，以提高各级政府机构的危机应对能力，提前完善组织体系、空间预留和物资调配。要打破数据"孤岛"之间的壁垒，在安全、可控的前提下推动政府和企业进行数据共享，以帮助决策者更加准确地判断宏观经济中的各类风险。要科学地运用大数据等技术手段，创造性地探索解决公共问题的新方案。

最后，在基层治理方面，加强社区和谐氛围与环境的营造，强健韧性城市的根基。这点会在下文深入剖析。

提高社会韧性的关键在于尽力而为、量力而行、因地制宜地推动共同富裕。西方国家现代化的经验表明，在经济发展达到一定水平后，适当增加福利支出、提高劳动者报酬在国内生产总值中的比重，并不会增加政府的经济负担，反而有利于促进经济发展。这就要求：

第一，逐步提高劳动报酬在国内生产总值中的比重，推动企业、劳动者、政府和行业协会多方参与的劳资协商制度的建立与完善。建立相应的财税扶持体系，根据不同行业的特征，对提高劳动报酬占公司总支出比例的公司予以一定的税收减免或者财政扶持。

第二，完善自由职业者、低收入者、劳务派遣人员等重点群体的社会福利保障制度。例如，慎重对待网约车、外卖、快递平台拒绝与司机、外卖员和快递员签订劳动合同的问题。如果不能从法律上正式确定他们之间的正式雇佣关系并提供相关职工福利保障，那么政府就应当寻求"中间道路"，以行政引导的方式，借助市场力量，为这些劳动者提供基本的劳动保障。对于网约车、外卖平台高额"抽佣"的问题，国家发展改革委等部门2022年印发的《关于促进服务业领域困难行业恢复发展的若干政策》中明确提出，要引导外卖等互联网平台企业进一步下调餐饮业商户服务费标准，降低餐饮企业经营成本。深圳可以发挥监管职能或依托相关行业协会，开展与互联网平台的相关对话，以规范和稳定市场，保障各方尤其是劳动者的合法权益，切实成为社会福利保障制度的"保障"。

第三，充分发挥深圳先行试点的优势，推动中央授权在深圳开展一系列税收制度改革，降低生活必需品或者与消费相关的增值税、消费税税负，探索与城市基本工资相对应的个人所得税方案，例如起征点提高、奖励性个人所得税退税等创新举措。

第四，高度重视民生保障类企业的发展，制定更加稳定、公开透明、健康的指导、扶持和监督管理政策，鼓励民生保障类企业参与幼托、养老、医疗等公共服务的供给。这样可以在一定程度上减少政府的财政负担，繁荣市场，增加就业。

第五，持续增加对职业教育、高等教育的经费投入，提高市民的受教育水平和劳动技能，为多数市民通过劳动获得较高报酬提供坚实的智力保障。重视对新兴产业工人的培养，尤其是对高、精、尖制造业需要的高级技工的培养，提高他们的社会收入和社会地位，对相关企业的职工教育培训支出进行税费减免。

第六，以市场方式平抑购房和租房的成本，增加保障房、廉租房的供给，继续鼓励长期不能出租的写字楼等改建为价格优惠的房屋对外出租。

第七，密切关注资本的无序扩张，谨慎应对其在房屋租赁、餐饮、蔬果零售等涉及民生领域的活动。坚决抑制资本在与民生相关的领域开展无序竞争扰乱市场经济秩序，尤其是通过恶性竞争占领市场后，滥用市场地位，攫取超额利润的做法，并把反垄断调查、维护市场秩序等执法调查行动常态化，营造有序的市场环境。

2. 建设宜居城市，助力优质生产要素集聚

宜居城市是一个不断发展的概念，内涵越来越丰富。早期人们主要关注环境保护和公共设施的便利性、可获得性。1961 年，世界卫生组织提出了宜居城市的基本理念，即安全性、健康性、便利性、舒适性，大致强调城市在抵御自然灾害、环境保护、公共设施三个方面的重要性。学者阿萨米后来又加入了"可持续性"的概念，即思考个人对整个社会做出了何种贡献，这种市民参与

感和获得感是城市持续发展的不竭动力。2007 年通过原建设部科技司评审验收的《宜居城市科学评价标准》提出，从社会文明度、经济富裕度、环境优美度、资源承载度、生活便宜度、公共安全度六个方面进行评分，根据不同得分将城市分为宜居城市、较宜居城市和宜居预警城市。这些都有利于政府制订全面、科学的行动计划。

深圳很早就实施了宜居城市建设方案。深圳市 2021 年政府工作报告提出了高标准建设宜居城市的目标，要求制定并实施面向 2035 年的国土空间总体规划，统筹生产、生活、生态空间。宜居城市的建设方案应当在硬件和软件上"双管齐下"，全方位地提升城市的宜居性，使深圳能够成为汇聚国内外优质生产要素的重要经济和生活平台。

在硬件上，政府在城市规划、住房保障、公共服务的供给和城市环境上下功夫。

第一，在城市环境方面，构建"自然公园—城市综合公园—社区公园"的公园体系，推进小微绿地、口袋公园建设和建筑物、桥体的垂直绿化，构建综合城市景观体系。在生态用地内建设一些兼容性设施，比如在生态用地内设置有限度的游览或者农林生产设施，并设置开发强度，以实现生态保育和开发建设之间的平衡。

第二，在住房保障上，多渠道缓解人地紧张的矛盾，降低市民的租购房负担和企业的用地成本。通过多种渠道增加居住用地的供给，比如整合闲置土地，提高单位面积的容积率，允许长期闲置的商业办公楼改建为廉租房、公租房等对外出租，推进城中村公共空间改造，加快公共设施（学位、医院、托幼机构等）建设。

第三，在城市规划上，政府要以更大的决心，促进城市多中心发展，推动都市核心区扩容提质。要切实在适当远离目前核心区的地方重新布置一些重要的经济实体、居住区和商务区等，甚至有计划地疏散在福田、南山等的政府机构、事业单位、国有企业等，建设城市副中心。

第四，在公共服务供给上，考虑到政府机关、学校等公共设施齐全的地方存在封闭性较强、特定时间段利用率不高的问题，应盘活公共设施的"存量"；同时在人口密度较大的城中村、棚户区等地区加大公共设施布局力度，提高"增量"，增加供给。从战略层面重视政府和社会资本合作（PPP），建立市场和社会力量参与养老、托幼、医疗等公共服务供给的长效机制，重视民生保障类企业的发展，并提供更加稳定、可信的政府承诺，稳定市场预期。

在软件上，宜居城市的建设要突出三大要点：

第一，和谐社区是建设宜居城市的"细胞"。首先，要完善覆盖市、区、街道、社区四级的"织网工程"综合信息系统，加强智慧社区的建设，进一步拓展"SMART"新型智慧城区架构的范围，以实现信息资源跨区域、跨层级、跨部门的互联互通、融合共享。其次，要重视社区建设，开展宜居社区、宜育社区、绿色社区等示范型社区的试点和评选工作，打造互助互爱的示范型社区。要有序推进社区的自我管理、志愿服务、垃圾分类、绿色节能等工作，鼓励绿色建筑、天台绿化、垂直绿化等措施在社区落实，建设好社区健身与医疗、育婴与养老等中心，推动互助养老、

"养老＋托幼"二合一的新型模式，鼓励市民绿色出行，在社区有序地推广与餐饮、外卖、快递等相关的减碳措施。再次，要充实机构，减少社区和街道的行政性职能，转而专注于社区服务，调解邻里矛盾，和谐邻里关系；要重视宗教团体、社会团体、基层社区工作站和企业在社会工作中的作用；要发展壮大社会工作者队伍，提高高等教育和职业教育体系中社会工作者的地位，鼓励深圳高校培养更多专业的社会工作者。

第二，提高城市制度设计的包容性。对于外国商旅、流动人口，要提供更加便捷的政务服务，比如设置多语言的政务系统、专门的服务窗口、提升电子政务的覆盖事项等；为非户籍人口异地享受医疗服务提供更加便捷的医保系统对接渠道，提高对极端贫困人口、流浪人员的社会救济水平；开展社会教育，减少针对特殊群体的社会歧视，在政策设计上减少年龄歧视、学历歧视的倾向，杜绝民族歧视、肤色歧视、性别歧视和地域歧视；尊重女性，着重加强女性保护力度，预防和坚决打击家庭暴力。

第三，规范、鼓励并表彰市民以各种形式参与社会服务。设立"时间银行"，以回馈志愿工作，把市民的志愿工作和其他社会服务的情况纳入社会信用体系。

3. 建设现代化要素市场，加速构建高质量发展新格局

党的十九大报告明确提出，要将要素的市场化配置作为经济体制改革的重点之一，实现要素自由流动。本书上一章分析了深圳在土地、劳动力、资本、技术、数据等方面存在的一些具体问题。2022年发布的《深圳市科技创新"十四五"规划》中明确，

深圳未来重点发展七大战略性新兴产业（二十大产业集群）、八大未来产业，强调构建自主可控的产业链，以生产链为出发点，推动产业链、创新链、人才链和教育链"四链协同融合"，实现生产要素市场化的高效配置。结合上面的分析，要实现高质量发展，首先需要构建市场定价、流动畅通的要素市场，需要打破信息壁垒、政策壁垒和区域壁垒。

（1）打破信息壁垒，促进市场主体、教研机构和政府相关部门的有效沟通。

完善正式的信息沟通网络。应推动大学、科研机构和相应产业的合作，把产业界人士请到校园中去，把课堂搬到企业中去，促进教学相长、学以致用、"研"以致用；提升政府的工业行政能力，使政府的专业部门切实掌握区域内各产业之间的协作关系，把握产业和深圳在整个全球价值链中的优势和弱点，通过信息发布等方式引导企业间在对外贸易、研发、产业协作等方面实现自发协调、配合，发挥产业的集聚效应；大力推进产业链的党建工作，把党建与行业内的企业间协调、行业自律和产业创新结合起来，搭建政府和企业之间沟通的桥梁；充分发挥现有组织机构的能力，鼓励人大、政协、行业协会和其他社会组织紧密关注"四链协同融合"的问题，助力深圳实现高质量发展。

搭建各种非正式的信息沟通网络，努力促进人才、企业和教研机构的自发协作。应整合全市的公共科教平台，鼓励产业界人士、高校和科研机构人员分享最新的产业动态、科研成果等；鼓励大学"开放办学"，开放各类教学资源、讲座，这也有利于丰富市民的文化生活；组织各种非正式活动，牵线搭桥，推进各种创

新要素（产业界、科创金融机构、大学和研究机构）之间的沟通
与交流。

（2）打破政策壁垒，促进要素市场化配置。

例如，改革目前土地利用的模式，探索在同一个规划单元内
实现土地的多元利用，如"商业＋居住""办公＋居住"或者第二、
三产业混用土地的形式。

破除唯"帽子"、唯论文、唯职称、唯学历、唯奖项的人才评
定方法，减少对人才的市场价格的政策性干扰，转而对企业的科
研活动、专利申请、成果转化等活动进行财税减免和补贴，真正
让企业在人才的寻找、雇佣和利用等方面发挥主体作用。

以往深圳的工业用地价格偏低，致使工业用地需求虚高。针
对这种情况，应当建立专门的工业用地流转市场，允许原所有者
按照比例缴纳部分税费之后，其所有的土地、厂房进入交易市场。

（3）打破区域壁垒，促进粤港澳大湾区协同发展。

深圳要想率先实现社会主义现代化，必须把自身的前途和粤
港澳大湾区协同发展结合起来，充分利用各种要素禀赋，发挥集
聚优势：

加强产业政策的对话交流，尤其是广深要在贸易规则、商事
仲裁、社会治理等方面对接香港，在重大攻关项目上建立对话、
协作机制，发挥生产要素的区域集聚优势，推动区域深度合作发
展。对粤港澳大湾区内的科创机构、人才储备，产业界的科技优
势和劣势、合作的可能性等进行一次全方位的摸底，选择并推
动广深港互补性强、经济价值高，但是协同合作少的几个产业、
项目作为试点项目，开创粤港澳大湾区协同创新的新格局。与

香港创投机构（创新科技署、商务及经济发展局、投资推广署、InnoHK 创新香港研发平台等）建立畅通、常态化的沟通机制，促进科创和产业的对话与合作等，让香港居民、香港企业、香港特区政府在合作中找到发展的机会。

在各项基础工作中明确粤港澳三地的差异，在货币兑换、数字支付、跨境支付上实行更加便利化的措施；有序推进三地的各项执业资格便利化互认；建立三地食品、药品的白名单制度，对纳入名单的食品、药品进行统一标识，方便流通，进而探索三地在食品、药品认证标准上的统一，或者努力实现"一地认证、三地流通"。

推动粤港澳三地医疗、养老、教育等社会福利体系的对接，建立统一的专门拆兑和管理机构，以便为粤港澳大湾区内异地就医、异地养老、异地上学的市民提供更加快捷、专业的服务。在此基础上，探索企业、纳税人税收的差异和补偿制度。

解决深圳人地紧张矛盾的出路之一是区域协同发展，实现软性扩容。要按照深圳牵头、统分结合的原则，创新区域协同发展机制，协同东莞、惠州，优化临深片区产业、基础设施、公共服务布局，推动生态环境共保共治，民生服务共建共享，以及医疗、养老、教育、环保等政策衔接。

中央针对前海扩容提出的"行政区和经济区适度分离"是一个很好的思路，可以照此推进深圳和周边城市的协调发展。在前海扩容中，深圳可以推进企业、城市居民和社会组织的数字身份建设，并明确基本功能、义务和权利，厘清不同政府机构的管制、服务等关系，依托城市大数据中心，建设高效的数字政务体系，在数字世界实现高效的"行政区划调整"，这也可以促进各种生产要素更加高效地流动。在临深区域，深圳可以加强与东莞、惠州、中山等地市的对接，推动类似的数字身份体系的建立，核算清楚三地在核心指标（比如生产要素价格、企业的税负、产业管制政策的细微差别、公共物品供给的成本等）上的异同，依托区域政府数据中心，探索建立财政转移支付、经济核算、统一公共服务平台的体制机制，在稳定目前行政管辖区划的前提下实现各生产要素在经济区、行政区、社会生活区等的高效流动。

4. 改革行政体制，推进政府治理体系和治理能力现代化

行政体制是国家体制的重要组成部分，在国家治理体系中处于特别重要的地位。推进行政体制改革，是适应新的发展形势、推进协作治理的关键举措。

（1）在行政体制改革中调整各局处以及整个政府的职能关系。

根据公共政策的一般过程，政府职能包含了解和整合民意、政策制定、政策执行、监察和政策评估四个方面。在新一轮的行政体制改革中，深圳市可以根据这四个方面之间权责的划分来调整各局处以及整个政府的职能关系。在实践中要做到：

第一，巩固党对整个政府治理体系和治理体系改革的领导，为推进协作治理打下坚实的政治基础。根据四大职能的划分来理顺党委和政府、人大、政协等的相互协作关系，明确社科院、智库、国有企业、其他派出机构等在整个公共政策过程中的地位和作用，巩固党对整个公共政策过程的领导。

第二，维持四大职能的基本均衡关系，把了解和整合民意、监察和政策评估提到与政策制定、政策执行同等重要的地位。只有重视了解和整合民意，才能确实做到"为人民服务"；只有加强对政策制定、政策执行权力的限制和严格监督，才能防止权力滥用，减少公共资源的浪费。

第三，建设强大的公共行政、政策分析的人才队伍和研究机构，以更加科学、精准、全面的方式去了解、分析深圳面临的各种政策问题，系统地研究政策方案，系统地推进政策评估——通过自我评估、专家评估、民意测评、财务审计等多种方式评估公共政策的效果和职能部门的绩效，并根据绩效信息制订相应的奖惩计划。

（2）深圳应当更加重视电子政务的发展。

电子政务的发展是提升营商环境的关键，也可以为推进协作治理提供便利条件。尽管深圳在电子政务方面处于国内领先地位，但是与国际一流城市相比，仍然有很多进步和提升空间。比如在瑞士洛桑国际管理学院的 2023 年智慧城市排名中，新加坡全球排名第七，而深圳全球排名第六十六。深圳推进治理体系和治理能力现代化的关键举措在于推动电子政务的发展，最终把政府行使职能的方式由传统的授权、许可、管制、禁止等转变为对"数字权限"的管理。具体建议包括：

第一，打通各政府部门之间的数据壁垒，建立政务数据分级管理、分类授权访问和使用的有效管理体制；

第二，推进城市居民和企业的数字身份建设，对于各类信息进行分级、分类管理，对个人和企业的基础信息政府部门可以

"按需"访问，涉及用户私密的信息经用户和主管部门双重授权后开放访问。

第三，重视公共数据作为公共资源属性的公益性、开放性以及企业在数据要素配置中的市场主体作用，强力推进数据公开，提供便捷、开放的查询方式，有序地建设深圳的城市数据库，供决策部门、科研机构、市场主体等开展各种相关研究。这也有利于提高政务决策的科学化水平、市场信息的透明度，促进城市治理的现代化。

第四，在条件允许的情况下，应当创建数据库的多语言版本，方便获得认证和许可的国外学者、机构、公司等访问，便于后者对深圳开展相关的分析和研究，为推动改革与发展输出更多成果。

5. 推进协作治理，形成"共商愿景、共担责任、共享利益"的新治理格局

全面开展社会主义现代化建设，必须坚持"四个全面"的战略布局。其中，全面深化改革、全面依法治国、全面从严治党，都肯定了国家治理体系和治理能力现代化对于社会主义现代化建设的关键作用。习近平总书记强调："这项工程极为宏大，零敲碎打调整不行，碎片化修补也不行，必须是全面的系统的改革和改进，是各领域改革和改进的联动和集成，在国家治理体系和治理能力现代化上形成总体效应、取得总体效果。"[①]深圳在40多年的发展历程中，经过历次重大机构调整、政府职能转变，才取得今

---

① 习近平 2014 年 2 月 17 日在省部级主要领导干部学习贯彻十八届三中全会全面深化改革专题研讨班上的讲话。

天的成就。新时代需要体制改革，这样才能为深圳建设中国特色社会主义现代化提供更加坚实的制度保障和组织保障。

在全面建设中国特色社会主义先行示范区的新征程上，深圳市政府要进一步转变职能，推进囊括政府机构、企业、行业、社会组织、社区和市民等参与的协作治理体制建设，形成各领域"共商愿景、共担责任、共享利益"的新治理格局。

治理概念在公共行政中的应用顺应了时代的发展，试图打破传统的政府、市场和社会的界限，从更加系统的角度思考公共问题的解决之道。在新的治理格局下，政府追求的目标不再仅限于稳定公共秩序或者提高经济效率，而是强调不断积累社会资本，与市场、社会构建互信、和谐的合作关系。这样既能保证公共决策的科学化和民主化，也能提高社会对政策的认同度，提高执行效率，从长远来看还能促进社会发展和进步，提升城市文明程度。

协作治理格局的基础在于政府建立畅通的对话和参与平台，让企业、社会组织市民等可以有序地反映各自关切的问题。要充分发挥人大、政协等制度化参与的渠道作用，同时发挥各种社团、联谊会、早餐会等非正式沟通渠道的作用，让企业家、专家学者、市民等充分地表达自己的意愿。政府要紧紧围绕建设中国特色社会主义先行示范区的中心任务，凝聚共识，把远大目标细化成各行业、各领域的发展计划，努力把企业、行业、社区和城市发展的其他需求与社会主义现代化建设结合起来，形成合力。

协同治理的关键是转变政府职能，不断地赋权于市场和社会，这样才能在各领域形成政府、市场和社会协作共赢的良好局面。深圳已经开展了类似的实践，比如：在前海设立以企业化方式运作，但不以营利为目的，且履行行政和公共服务的管理机构；把高层次人才的认定权下放给用人单位；鼓励企业参与公共服务，规范普惠型企业的发展；等等。下一步深圳要从战略高度推进这项工作，具体举措包括：

（1）系统地推进政府职能转变的工作。

按照实用主义的原则，对可以由市场自主调节或者社区自治实现的，要坚决地梯次下放权力；对于需要培育社会组织来承担一部分政府职能的，应当重点推进赋权改革，引导社会组织提高相应的能力，并在政府监管下建立相应的绩效评估、监督和纠察制度，确保社会组织切实履行职责，服务好市场主体和市民。

强化落实社区自治，让社区真正成为发展城市文明、维护社会和谐与践行可持续发展理念的阵地；改革社会组织管理体制，推动社会组织在产业发展、可持续发展、劳动者权益保护、城市文明建设等方面发挥更加积极的作用。

（2）健全扶持和培育制度。

成立或进一步深化专门管理和服务社会组织的政府机构的改革，强化服务职能，在孵化、能力提升、财政扶持、政策引导、监督等各个方面进行宏观管理。按照公开、透明、竞争的原则，引导社会组织通过公开竞争的方式获得政府的财税支持和服务采购合同，建立社会组织的竞争机制。切实推进行业协会的"去行政化"改革，引导其依靠服务行业和市场来获得生存与发展的机会，而不是只靠政府扶持。

（3）提升政府协作治理能力。

政府要放下身段，搭建中立的沟通平台，了解企业和社会的需求，引导企业、社会组织等参与政策制定和实施；提升政府整合各方资源、凝聚各方共识、动员各方力量的能力；创建政府、企业、社区和市民等有效沟通的公共讨论平台，鼓励专业人士和社会各界就具体政策议题展开讨论，以凝聚社会共识，为协作治理打下坚实的社会基础。

（4）注重协调国资、民资和外资"三种资本"的关系。

规范国有资本管理，减少甚至限制国有资本进入竞争性行业，使其更多地关注民生领域或者其他需要长期投资的方向。对国有资本的管理不能单纯地以增值、营利为目的，而是要综合评估其社会效益、经济效益和政治效益。

6. 立足湾区、面向世界，推动深圳在规则、制度上的"第二次入世"

中国的社会主义现代化建设已进入关键时期，面临着如何超越地缘政治、跨越"中等收入陷阱"、实现 2035 年远景目标等问题，深圳应当在推动更高水平的改革和更高水平的对外开放上发挥先锋作用。目前，深圳在努力用好"实施方案＋授权清单"改革方式，全面完成首批授权事项，推动出台第二批授权事项清单，在各领域取得重大突破。深圳要坚持"以开放倒逼改革"的路径，对标国际高标准贸易、经济、知识产权和创新等规则、制度，以"敢为天下先"的勇气推动规则、制度与国际接轨，实现"第二次入世"。因此，深圳要在以下几个方向努力：

（1）互联互通。

提高通关的便利程度，建设对接香港规划的"北部都会区"

的新关口，努力推动更加便利的 24 小时电子通关和实质性的"一地两检"（合作查验、一次放行）等；参照深圳落户的政策思路与办理效率，制订可以快速认定外籍高、精、尖、缺人才的标准，为符合条件的外籍人员来华访问、工作和留居提供便利。

（2）公平竞争。

在政策上，不再区别对待不同性质的企业，统一落实国民待遇。全面清点各类政策，优化制度顶层设计，全面废止在企业注册、产业扶持、税费负担和补贴、就业和雇佣、企业上市和融资、政府采购、公共项目招投标等各个方面因企业性质不同而区别对待的相关政策，对国企、民企和外企做到形式上与内核上的一视同仁，创造公平公开的市场环境。

（3）持续推动国有企业改革，按照市场化经营的原则，由专业经理人团队来运营。

政府机构可以通过法律法规、股权管理和签订年度经营合同来规范国有企业的经营行为，实现企业效益和服务公共利益的统一；规范国有企业和国有资本的活动空间，引导它们在涉及国计民生的公共服务"管道"（交通运输、水、电、能源等）和投入周期长的基础科技研发领域发挥重要作用。

（4）充分发挥深圳先行先试的制度优势，探索市场准入制度创新。

目前，政府普遍实行的是按照行业、领域细化管理的方式，要逐步转为审查具体项目和投资在国家安全、市场秩序、公序良俗、个人权利、现行法律法规等方面是否合法、合规、合情，以真正贯彻落实"法无禁止即可为"的市场准入制度。这样也有利于引导外资投入新兴领域，帮助新兴产业更好地利用国内和国外"两种资源"。

（5）学习和适应高标准的贸易规则，同时为国际规则的制定贡献"深圳智慧"。

深圳要实现高质量发展目标，就要主动适应主要经济体在贸易、环保、劳动者和知识产权保护方面的规则，尤其是中国已申请加入的《全面与进步跨太平洋伙伴关系协定》（CPTPP）等，促进内外贸易在质量标准、认证认可等方面实现规则衔接。同时要鼓励企业和行业协会等在国际标准的专门性组织上发声，为国际规则的制订贡献"深圳智慧"。

比如，为了规范数字经济的发展，适应变化中的国际数字贸易格局，深圳应当充分发挥产业优势，逐步完善强制性本地化义务、市场准入限制、数据及个人隐私保护措施、消费者权益保护、数字知识产权保护、平台从业者法律责任、数据的跨境流动等相关的法律法规，鼓励互联网龙头企业在数字税、跨境数字贸易、数字隐私及其保护方面制订行业标准和规则，并在国际上积极发声，贡献智慧。

又如，在环境标准上，政府应当系统地归纳国际主要贸易协定、欧盟等西方国家的相关规定，在大气污染、海洋环境保护、生物多样性、清洁能源、企业的社会责任等方面制订不同等级的认定标准，引导经济特区内企业逐步提高对自身经营行为和产品服务的要求，对接世界一流标准。

（6）探索特色离岸金融服务，重点服务对外贸易和跨境电商。

丰富自贸区资金交易平台功能，大力发展分账核算业务，构建与跨境电商、对外贸易等相适应的金融服务新模式，提升跨境供应链服务能级；全面对接跨境人民币贸易融资转让平台，做大人民币贸易融资资产的转让规模；积极抢抓人民币外汇期货交易试点的机遇，提前布局；支持符合条件的外资银行、证券、保险、基金等金融机构在深设立分支机构；加快金融业从业人员的职业资格互认，允许持有国际通用从业资格认证的专业人士直接在深从事离岸业务。

第二部分

把握新发展阶段、贯彻新发展理念、构建新发展格局：深圳战略路径研究

第6章

新发展阶段、新发展理念、新发展格局的内涵和逻辑

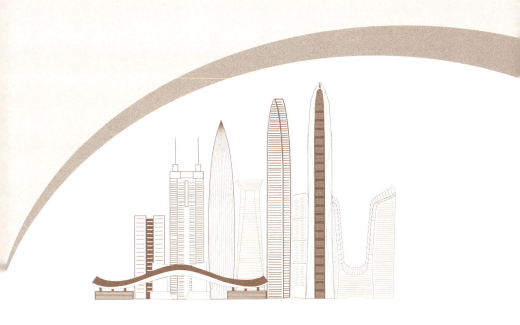

一、新发展阶段明确了我国发展的历史方位

　　党的十八大以来，以习近平同志为核心的党中央，紧紧围绕建设中国特色社会主义这个主题，带领全国人民在改革发展各项事业上取得了重大成就，开创了崭新的局面。党的十九大提出"三步走"的宏伟规划，即到 2020 年实现全面建成小康社会，到2035 年基本实现社会主义现代化，到 21 世纪中叶把我国建成富强民主文明和谐美丽的社会主义现代化强国。党的二十大报告明确指出，"从现在起，中国共产党的中心任务就是团结带领全国各族人民全面建成社会主义现代化强国、实现第二个百年奋斗目标，以中国式现代化全面推进中华民族伟大复兴"。中国式现代化是在统筹推进"五位一体"总体布局、协调推进"四个全面"战略布局的基础之上，努力实现物质文明、政治文明、精神文明、社会文明、生态文明协调发展的全面现代化，赋予现代化以全新内涵、丰富内容和时代意义，展现了人类社会未来发展的新图景，为破解人类共同面临的历史性、世界性难题提供了极为宝贵的实践经验。对一个具有使命担当的政党来说，稳步实现既定使命至为重

要。在党中央"五位一体"总体布局和"四个全面"战略布局的推动下，我国迎来从站起来、富起来到强起来的伟大飞跃，成功实现了第一个百年奋斗目标，全面建成了小康社会，历史性地解决了绝对贫困问题。现在正在全面建成社会主义现代化强国的第二个百年奋斗目标的新征程上。

新发展阶段是我国社会主义发展进程中的一个重要阶段。自改革开放以来，我们一直把中国社会性质定为"社会主义初级阶段"。党的十九大提出中国特色社会主义进入新时代，我国社会主要矛盾已经转化为人民日益增长的美好生活需要和不平衡不充分的发展之间的矛盾，特别强调我国社会主要矛盾的变化，没有改变我们对我国社会主义所处历史阶段的判断。我国仍处于并将长期处于社会主义初级阶段的基本国情没有变，我国是世界最大发展中国家的国际地位没有变。社会主义初级阶段不是一个静态的、一成不变的、停滞不前的阶段，也不是一个自发的、被动的、不用费多大气力自然而然就可以跨过的阶段，而是一个动态、积极有为、始终洋溢着蓬勃生机活力的过程，是一个阶梯式递进、不断发展进步、日益接近质的飞跃的变化过程。全面建设社会主义现代化国家、基本实现社会主义现代化，既是我国社会主义初级阶段的发展要求，也是我国社会主义从初级阶段向更高阶段迈进的要求。

在新发展阶段，我们面临的发展环境和条件都有了新的重大变化。面对这种新的变化，党的十九届五中全会明确提出，要加快构建以国内大循环为主体、国内国际双循环相互促进的新发展格局。

立足新发展阶段是贯彻新发展理念、构建新发展格局的现实依据。历史唯物主义观点认为，生产力是人类社会生活和全部历史的基础。新中国成立以来，中国共产党带领全国人民不懈奋斗，我国的经济实力、科技实力、人民生活水平得到极大的提高。到2020年"十三五"规划结束，我国已是世界第二大经济体，全球制造业第一大国、货物贸易第一大国、外汇储备第一大国，国内生产总值超过 100 万亿元人民币，人均国内生产总值超过 1 万美元，城镇化率超过 60%，中等收入群体超过 4 亿人。我国已经全面建成小康社会，并成功地解决了困扰中华民族几千年的绝对贫困问题。所有这些发展成就都具有里程碑意义，也为我国进入新发展阶段、朝着第二个百年奋斗目标进军奠定了坚实基础。因此，从现实依据来看，我国已经拥有开启新征程、实现新的更高目标的雄厚物质基础。

二、新发展阶段必须全面贯彻新发展理念

党的十八大以来，党中央对经济形势进行科学判断，对发展理念和思路做出及时调整，引导我国经济发展取得了历史性成就，发生了历史性变革。其中，新发展理念是最重要和最主要的。新发展理念的五个方面紧密联系、相互支撑。习近平总书记指出："创新发展、协调发展、绿色发展、开放发展、共享发展，在工作中都要予以关注，使之协同发力、形成合力，不能畸轻畸重，不

能以偏概全"①,"新发展理念是一个系统的理论体系,回答了关于发展的目的、动力、方式、路径等一系列理论和实践问题,阐明了我们党关于发展的政治立场、价值导向、发展模式、发展道路等重大政治问题",②"人民是我们党执政的最深厚基础和最大底气。为人民谋幸福、为民族谋复兴,这既是我们党领导现代化建设的出发点和落脚点,也是新发展理念的'根'和'魂'"③。

经济社会发展是一个多维度、多层次、多因素的整体,新发展理念作为发展实践的思想引领,也是一个内涵丰富的整体。其中,创新是引领发展的第一动力,注重的是解决发展动力问题;协调是持续健康发展的内在要求,注重的是解决发展不平衡问题;绿色是永续发展的必要条件和人民对美好生活追求的重要体现,注重的是解决人与自然和谐共生问题;开放是国家繁荣发展的必由之路,注重的是解决发展内外联动问题;共享是中国特色社会主义的本质要求,注重的是解决社会公平正义问题。我国已经站在新的历史起点上,要根据新发展阶段的新要求,坚持问题导向,更加精准地贯彻新发展理念,切实解决好发展不平衡不充分的问题,推动高质量发展。

随着我国社会主要矛盾变化和国际力量对比深刻调整,我国在发展中面临的内外部风险空前上升,必须增强忧患意识、坚持底线思维,随时准备应对更加复杂困难的局面。安全是新发展理

---

① 习近平2021年1月28日在十九届中央政治局第二十七次集体学习时的讲话《全党必须完整、准确、全面贯彻新发展理念》,《求是》杂志2022年第16期。
②③ 习近平2021年1月11日在省部级主要领导干部学习贯彻党的十九届五中全会精神专题研讨班上的讲话《把握新发展阶段,贯彻新发展理念,构建新发展格局》,《习近平著作选读》第406页、407页。

念的题中应有之义和内在要求。"十四五"规划把安全问题摆在非常突出的位置，强调要把安全发展贯穿国家发展各领域和全过程。"如果安全这个基础不牢，发展的大厦就会地动山摇。要坚持政治安全、人民安全、国家利益至上有机统一，既要敢于斗争，也要善于斗争，要全面做强自己，特别是要增强威慑的实力"[1]，"粮食、能源、重要资源上要确保供给安全，要确保产业链供应链稳定安全"[2]，"还要确保生态环境安全，坚决抓好安全生产。在社会领域，要防止大规模失业风险，加强公共卫生安全，有效化解各类群体性事件[3]。

三、构建新发展格局是立足新发展阶段、贯彻新发展理念的战略抉择

加快构建以国内大循环为主体、国内国际双循环相互促进的新发展格局，是"十四五"规划提出的一项关系我国发展全局的重大战略任务，需要从全局高度准确把握、积极推进。

近年来，经济全球化遭遇逆流，国际经济循环格局发生深度调整。建立以国内大循环为主体、国内国际双循环相互促进的新发展格局，是把握未来发展主动权的战略性布局和先手棋，是新发展阶段要着力推动完成的重大历史任务，也是贯彻新发展理念的重大举措。我国作为一个人口众多和超大市场规模的社会主义国家，在迈向现代化的历史进程中，必然要承受其他国家都不曾

[1][2][3] 习近平《把握新发展阶段，贯彻新发展理念，构建新发展格局》，《习近平著作选读》第二卷第 408 页、第 409 页。

遇到的各种压力，面临严峻挑战。加快构建新发展格局，能够增强我国的生存力、竞争力、发展力、持续力，确保中华民族伟大复兴进程不被迟滞甚至中断。

构建新发展格局的关键在于经济循环的畅通无阻。经济活动需要各种生产要素组合在生产、分配、流通、消费各环节有机衔接，从而实现循环流转。构建新发展格局最本质的特征是实现高水平的自立自强。当前，我国经济发展环境出现了变化，特别是生产要素相对优势出现了变化：劳动力成本在逐步上升，资源环境承载能力达到了瓶颈，旧的生产函数组合方式已经难以持续，科学技术的重要性全面上升。在这种情况下，我们必须更强调自主创新。当今世界，最稀缺的资源是市场。市场资源是我国的巨大优势，必须充分利用和发挥这个优势，不断巩固和增强这个优势，形成构建新发展格局的雄厚支撑。

正如习近平总书记强调指出："构建新发展格局，实行高水平对外开放，必须具备强大的国内经济循环体系和稳固的基本盘，并以此形成对全球要素资源的强大吸引力、在激烈国际竞争中的强大竞争力、在全球资源配置中的强大推动力。既要持续深化商品、服务、资金、人才等要素流动型开放，又要稳步拓展规则、规制、管理、标准等制度型开放。要加强国内大循环在双循环中的主导作用，塑造我国参与国际合作和竞争新优势。要重视以国际循环提升国内大循环效率和水平，改善我国生产要素质量和配置水平。"[1]

① 习近平《把握新发展阶段，贯彻新发展理念，构建新发展格局》，《习近平著作选读》第二卷第413页。

第7章

把握新发展阶段、贯彻新发展理念、
构建新发展格局背景下深圳的
机遇和挑战

　　把握当前国内外局势并做出充分研判，对深圳未来的发展具有非常重要的意义。在国际上，我们正面临百年未有之大变局，尤其是各种经贸关系的变化、中美关系的转变，以及部分深圳企业被列入美国的"黑名单"，这些都影响着深圳未来的发展和规划。从国内来看，我国正处于重要的战略期，正由中等收入国家向高收入国家迈进，正处于跨越常规性、长期性关口的攻坚阶段，正加快构建以国内大循环为主体、国内国际双循环相互促进的新发展格局。在未来 20 多年，深圳要保持中高速发展，形成更加可持续的增长模式是关键。深圳不但要学习二战后成功跨越"中等收入陷阱"成为高收入经济体的几个国家或地区的经验，更应该学习西方发达国家保持其科技领先水平和企业竞争力的经验。在这样的形势下，我们应该进一步分析深圳在把握新发展阶段、贯彻新发展理念、构建新发展格局（以下简称"三新"）背景下面临怎样的发展机遇和挑战，并牢牢把握中央对深圳发展的战略定位，结合国际经济"有限全球化"的大背景，总体谋划深圳未来的发展。

一、"三新"背景下深圳面临的机遇

过去 40 多年，深圳在党和国家的领导下完成了很多国际化大都市上百年才走完的历程，实现了五个"历史性跨越"。作为我国改革开放的重要窗口和试验田，也是我国最早实施改革开放的城市，深圳为全国的改革开放和社会主义现代化建设做出了重大贡献。现在，随着我国进入新发展阶段，深圳肩负着更为重要的历史使命。中共中央、国务院 2019 年 2 月印发的《粤港澳大湾区发展规划纲要》，确立了深圳作为粤港澳大湾区四大核心引擎之一的地位。同年 8 月，《中共中央国务院关于支持深圳建设中国特色社会主义先行示范区的意见》提出总体和具体要求。这两份重要的政策文件在半年内相继出台，它们不仅是简单的区域发展规划，而且是符合新时代需要的国家总体发展规划的一部分，具有里程碑式的意义。它们标志着深圳迎来又一个重大历史机遇，也是继兴办经济特区之后，党和国家赋予深圳的又一项光荣使命。在"双区"利好叠加、"双区"驱动下，深圳将有机会在全国贯彻新发展理念、构建新发展格局的过程中扮演非常重要的角色，在未来我国全面建设社会主义现代化国家的新发展阶段创造出让世界刮目相看的新的更大的奇迹。

新发展阶段要求深圳乃至全国在新的发展理念下，构建新的发展格局。这对深圳来说，既是机遇，又是挑战。

1. 抓住"双区""双改"机遇，继续深化改革

在新发展阶段，改革仍是关键。当前，深圳被中央赋予建设

中国特色社会主义先行示范区的任务，也是粤港澳大湾区建设规划中的重要组成部分。这就要求深圳未来落实新发展理念，推动高质量发展，构建新发展格局，谋划新时代的改革发展。"实施方案＋授权清单"改革方式的推出，则能够给深圳的发展带来更大的便利。深圳应该以综合改革试点为牵引，全面深化改革（如完成区域性国资国企综合改革试验任务）。如果进一步考虑到"一国两制"因素，那么深圳在构建新发展格局中的意义就更不一般了。深圳接下来需要在国家发展战略下深化与港澳的合作，积极对接香港发展规划，拓展深港合作新空间。对深圳来说，在构建新发展格局的过程中要帮助香港，实现深港优势互补、促进深港深度合作发展。在注重港澳对接的同时，深圳也需要积极推动区域的协调发展，在粤港澳大湾区规划的引领下，深入实施"东进、西协、南联、北拓、中优"发展战略，加大对原特区外区域的支持力度。在此基础上，主动融入"一核一带一区"建设，推进广深"双城联动"，积极参与广深港澳科技创新走廊建设，促进珠江口东西两岸融合互动，深化与汕头、潮州的协作。

2. 抓住创新生态链的优势，继续发展科创事业

"创新"是党的十八届五中全会上提出的五大新发展理念之一，必须贯彻始终，这和深圳当前的发展趋势也相符。创新生态链一直是深圳的优势，深圳已经形成了较为完善的"基础研究＋技术攻关＋成果产业化＋科技金融＋人才支撑"全过程创新生态链。在"三新"背景之下，科学技术创新仍然是发展举措中的"重中之重"。深圳应该进一步发挥创新生态链的整体效应，建设

具有全球影响力的科技和产业创新高地。当前，深圳拥有如鹏城实验室、深圳湾实验室等重大创新平台，也拥有如香港中文大学（深圳）、南方科技大学、深圳大学等高质量的高等教育平台。因此，深圳未来的高质量建设需紧握产学研深度合作的科创优势，打造高水平人才高地，主动融入全球创新网络，打造国际创新中心，吸引更多全球创新资本，同时打造开放创新先导区和国家规则对接区，促进与港澳甚至海外创新资源的高效对接与联通。

3. 抓住制造业优势，继续构建现代化产业体系

新发展格局要求突破产业瓶颈，加快构建现代产业链。以制造业为立市之本的深圳应抓住这一机遇，在现代产业链构建上发挥作用，挑重担，打头阵，成为现代产业链的"链长"。当前，深圳已经规划了宝安燕罗、龙岗宝龙等20个先进制造业园区的建设，在新发展格局下应坚持集中连片、集约节约，突出高端制造，推进产业业态升级。同时，应通过政策招大商、招好商、招优商，聚焦战略性新兴产业，强化精准招商、产业链招商、以商招商，高质量办好全球招商大会，引进一批重大先进制造业项目。最重要的是，在把握新发展阶段进程中，促进先进制造业与现代服务业融合发展，发展工业设计、产业互联、专业服务等生产性服务业，推动服装、家具、钟表、黄金珠宝、眼镜等传统优势产业转型升级，打造"深圳质量""深圳标准""深圳设计"，打响"深圳品牌"。

4. 抓住"双循环"机遇，继续扩大内需和拓展外需

构建以国内大循环为主体、国内国际双循环相互促进的新发展格局，是"十四五"规划提出的一项关系我国发展全局的重大战略任务，需要从全局高度准确把握和积极推进。国际层面正在经历着世界百年未有之大变局，中美竞争是摆在我们面前的严酷现实。中美关系将持续影响我国新发展阶段的外部环境。这既是挑战，也是机遇。

从深圳的角度来看，作为重要的开放窗口，应该积极实施贸易高质量发展"十大工程"，抓住区域全面经济伙伴关系协定实施的机遇，拓展包括东盟在内的"一带一路"沿线市场，提高一般贸易和服务贸易比重；创建国家进口贸易促进创新示范区，大力发展数字贸易等外贸新业态；高标准建设前海蛇口自由贸易试验片区，拓展国际贸易单一窗口功能；探索口岸监管创新集成，推动外贸高质量发展；积极汇聚全球创新要素和顶尖英才，共同参与"双区"建设；保障国内国际双循环的顺利运行。以此促进我国社会主义现代化的建设，并在中美竞争的大环境下为我国的可持续发展贡献力量。

从全国的角度来看，深圳要积极落实国家基础设施高质量发展试点要求，加快基础设施建设；出台建设国际消费中心城市的政策措施，促进传统大宗消费提档升级，扩大汽车、信息、文旅体展等消费，建设文化艺术品拍卖中心；拓展数字人民币应用场景；拓展 AI 大模型技术应用场景。

二、"三新"背景下深圳面临的挑战

在"三新"背景下，面对世界百年未有之大变局，推动深圳的进一步改革开放和发展需要新的举措，以应对新的挑战。这些挑战主要包括以下几点：

1. 从改革红利走向创新红利面临挑战

在改革开放初期，深圳因国家赋予其经济特区的"身份"优势和毗邻香港的区位优势，取得了现象级的高速发展。然而时至今日，深圳早已不再只依赖上述优势。在新发展阶段，深圳将更加注重自身创新能力和发展动力的培育，以适应国内整体发展格局的变化。深圳的发展目标是成为世界一流城市，其战略定位、发展理念、产业结构、技术研发、创新实力、城市管理、环境治理都会向世界最高水平前进。

事实上，深圳目前的发展质量和效益仍需向国际一流城市看齐，譬如在资源配置能力、国际人才集聚力等方面。从各项衡量城市国际化程度的指标来看，深圳在国际人才比例、国际组织和赛事、资源配置能力等方面的表现与其经济体量并不匹配。其中，较为突出的是国际人才比例颇低，常住外国人仅占总人口的0.1%左右，远远低于其他国际化大都市。高质量发展需要高质量人才，高质量人才则需要一系列福利事项的高保障。

综观深圳整体的市民收入水平、生活质量、社会保障水平等民生福利指标，仍需进一步在改革中释放张力，创造新的"深圳红利"。从2005年起，深圳房价进入高速增长期。虽然最近几年，受房地产市场大环境影响，深圳房价水平有所回落，但整体价格仍偏高。这也提高了营商成本和生活成本，给中低收入群体的正常生活带来了极大的压力，降低了深圳对各类人才的吸引力。同时，与深圳的经济蓬勃发展形成巨大反差的是深圳的医疗和教育资源。虽然深圳在这两个领域进行了重点投入和建设，也出台了相关配套政策，但就现状而言，还不能完全满足深圳市民的需求。总的来说，深圳社会服务水平较国内其他一线城市还处于积累与沉淀的阶段，还不具备世界一流城市有全球引领作用的软基础设施和其他制度环境。这对整个城市发展体系的完善产生挑战，极有可能降低城市的吸引力，亟待在改革中创新，创造新的现象级高质量发展。

2. 创新基础不牢，难以应对"双循环"的新形势

创新是深圳经济社会发展的核心密码，建设全球创新城市是深圳发展的方向，深圳的创新成绩一向位居全国前列。根据《国家创新型城市创新能力监测报告 2020》和《国家创新型城市创新能力评价报告 2020》，深圳创新能力位列全国榜首。根据深圳市统计公报和深圳知识产权数据统计分析报告，2020 年深圳高新技术产业实现增加值 9747 亿元，占地区生产总值的比重超过了35%，是深圳四大支柱产业中的第一支柱及主要经济增长点。

虽然深圳全社会研发投入占地区生产总值的比重较大，已经位居全国前列，但是对比国际其他创新城市，深圳还面临很多问题，深圳的科技创新中心指数与国际高水平创新城市仍有较大差距。例如，在国际科技创新中心指数（GIHI）2021 综合榜单中，

旧金山—圣何塞、纽约、伦敦位居前三，而深圳所在的粤港澳大湾区仅位居第七。深圳跻身全球 200 强科研机构的数量明显少于纽约、东京、旧金山等城市，且深圳的创新偏重于应用层面，基础研究能力较为弱势。这与深圳"先天"教育事业培育时间积累不足，基础研究人才数量偏少，以及发挥人才蓄水池作用的重大科学研究平台和载体不足有关。2020 年，深圳有国家重点实验室 6 家，是北京（116 家）的 5%、上海（44 家）的 14%、广州（20 家）的 30%。这深刻说明了深圳的短板。

究其原因，一是缺少对基础研究的中长期统筹规划，导致研发创新投入重后端、轻前端；二是企业开展基础研究的能力和动力严重不足；三是社会主体投入基础研究的渠道和政策激励不足。深圳已有的研究机构大多类似于孵化器，在基础研究方面的沉淀和供给与强大的市场需求不匹配。从长远来看，这将影响深圳创新发展的后劲，不利于深圳产业创新升级。再者，创新资源不均衡。深圳是典型的市场驱动型创新模式，存在研发投入、研发成果主要集中在少数大型企业，中小型企业创新活力不足的不平衡问题，创新严重依赖少数企业的负面影响将逐步凸显。

与此同时，也应该看到深圳在创新方面的优势——具有良好的创新氛围、营商环境、硬件配套，有能力在发展质量型经济方面率先突破。另外，技术类高校和科研平台走进深圳，有利于科研成果转化率的提高，有助于深圳进一步完善"基础研究＋技术攻关＋成果产业化＋科技金融＋人才支撑"全过程创新生态链。

3. 开发强度与产业发展存在结构性矛盾

深圳在城市化进程中，空间成本上涨导致生活成本上升，从而对城市的发展路径产生巨大压力。与香港相比，深圳土地资源的空间配置效率并不高。一方面，多重因素抬高的地价、房价大大增加了企业的运行成本和进入门槛，对深圳制造业、物流业产生了巨大的压力。高房价、高成本有可能削弱创新创业的市场土壤。另一方面，高房价既降低了深圳对各种人才的吸引力，对其继续保持活力、创新力产生了负面影响，也削弱了深圳中等收入群体的规模，挤压了中产阶级的消费空间，造成深圳中产阶级消费不足、经济系统无法生成可持续增长的内循环及内生动力等严峻问题。虽然二手房指导价机制等措施的实施让房价有明显的回落，但也需要意识到除少数行业收入水平较高的群体之外，绝大多数工薪群体仍难以依靠自己的努力购买商品房。

最新的数据显示，深圳现在的自有住房率不到 25%（约为 23.7%），超过 75% 的人依靠租房，这个比例远超面积更小的香港。高房价使得深圳社会消费品零售总额不增反减，深圳市统计局的数据显示，2022 年 1—4 月的全市社会消费品零售总额为 2776.73 亿元，同比下降 2.8%，相对投资恢复较慢；全年人均消费总额占人均地区生产总值的比例约为 24%（人均消费 44793 元 / 人均地区生产总值 183274 元）。长期以来，在国内一线城市中，深圳的消费对城市发展的驱动力是比较弱的，更远远落后于消费对经济增长的平均贡献率超过 70% 的美国。这一现状在外贸受阻、投资低效、内需成为更加重要的增长动力的形势下，给深圳未来的发展蒙上了一层阴影，扩大内需仍是深圳未来发展的重要课题。

4. 人口红利向人才红利转换面临一定挑战

对城市发展而言，人口是一项不可忽视的重要指标。深圳也不例外，人口红利一直都是深圳经济最强劲的发展动力之一。从人口数量来看，1982年至今，深圳人口已经增长近40倍。人口不断增长的同时，深圳经济的发展也得到了质的飞跃，经济发展数据就说明了一切。2021年底，深圳的地区生产总值约3.07万亿元，与1982年相比涨幅超过1.4万倍。具体来看，1990—1999年，深圳常住人口从167.78万人增长至632.56万人，平均每年增长46.5万人，与此同时，深圳地区生产总值年均增速在15%以上。2000—2009年，深圳常住人口从701.24万人增长至995.01万人，平均每年增长29.4万人，地区生产总值年均增速在13%以上。2011—2019年，深圳常住人口从1046.74万人增长至1343.88万人，平均每年增长29.7万人，地区生产总值年均增速维持在8%以上。

对比这几组数据可以看出，1990—1999年，深圳地区生产总值年均增速最高的时候，也是常住人口增长最多的时候。也就是说，经济快速增长创造了更多的机会和平台，吸引着人口的大量涌入；而人口涌入带来的人口红利，也促进了经济的发展。但是随着深圳人口政策的调整，以及公共资源配置的有限性，这种红利在逐渐消失。虽然红利的消失趋势会影响深圳的发展，但是从长期来看，也昭示着深圳的人口发展需要步入另一个阶段，即优化人口结构，从人口红利向人才红利转变，以促进城市的可持续和高质量发展。

事实也是如此，当前深圳已处于人口红利和人才红利并存的发展阶段。从人口年龄结构看，深圳市人口平均年龄仍然较小，劳动年龄人口比例较高，抚养比特别是老年抚养比较低；从人口结构看，深圳的人口素质提升较快，还处于加速期。这都得益于深圳的产业结构调整升级。深圳逐步形成以高新技术产业、现代物流业、金融业、文化创意产业为主的四大支柱产业，以生物产业、新能源产业、互联网产业、新材料产业、新一代信息技术产业等为主的战略性新兴产业，以及以生命健康产业、海洋产业、航空航天产业、机器人产业等为主的未来产业，这就增加了对高素质人才和高技能人才的需求。

另外，深圳超常规地建设大学，使得深圳在校大学生数量不断增长。这些学生毕业后大多留在深圳就业，将进一步优化深圳的人口结构。早在全国"人才争夺战"之前，深圳就开始重视人才引进，多次出台人才引进政策。2016 年出台了《关于促进人才优先发展的若干措施》（深发〔2016〕9 号），更是将人才引进上升为城市发展战略。同时，还通过"孔雀计划""高层次人才计划""三名工程"等多种计划引进需要的高端人才。这就使得深圳的整体人口素质得到了有效提升。但人才引进只是一个起点，如何留住人才、保障人才的可持续性发展是深圳在新阶段需要考虑的一个重要问题，也是影响深圳未来发展的一个重要命题。

5. 公共服务供给面临挑战，恐有碍支撑引领世界性一流城市

深圳从一个人口数量不足 3 万的边陲小镇发展起来，教育、医疗事业底子薄、基础差、发展起步晚，这些限制性因素已经成为提升城市竞争力的短板和软肋。但可以看到，近年来，深圳在

公共服务和社会事业方面的投入不断加大。无论是国际新药和医疗器械准入的放宽，还是医疗服务跨境衔接机制的完善，无不体现了深圳的民生改革力度在持续加强。民生投入也在不断增加。2022 年，深圳九大类民生支出 3419.6 亿元，占财政支出的比重达到 68.4%，其中教育支出 951.1 亿元，卫生健康支出 675.35 亿元，住房保障支出 236.9 亿元，社会保障和就业支出 287.5 亿元。2023 年，深圳九大类民生支出 3310 亿元，占财政支出的比重达到 66%，其中教育支出 1001.5 亿元，卫生健康支出 619.1 亿元，住房保障支出 214.6 亿元，社会保障和就业支出 303.6 亿元。

这些成绩是有目共睹的，但是也应该意识到局限性的存在。深圳的教育、医疗、文化等事业的质量仍屡被市民诟病，其分布的均衡度较世界一流城市仍然存在差距。

在教育方面，基础教育学位供需十分紧张、缺口较大，不能满足需求。深圳每年的新增人口数量为 40 万～50 万，新生儿约为 24 万，如此庞大的人口使得整个教育系统难以应对。深圳已经连续 4 年发布学位预警，多个片区（如隶属于龙华区的街道）小一和初一的学位缺口就达上万个。深圳的学前教育投入也相对不足，尽管幼儿园数量位列全国前茅，但是仍不能满足需求。最重要的是，同一个城市内原关内与原关外的教育资源也不均衡，优质教育资源大多集中在原关内。为了抢占优质的教育资源，深圳家长需要为高价学区房买单；而买不起高价学区房的年轻父母，为了子女的教育，会产生离开深圳回到老家的想法。长此以往，深圳留不住年轻人才，可能即将或已经成为现实问题。

在医疗方面，深圳医疗综合基础的缺口太大，相对薄弱的医疗基础条件难以有效支撑深圳庞大的人口对医疗卫生保健的巨量需求。具体来说，作为一个超大城市和一线城市，深圳的执业医师人数和医疗机构病床数量在全国排名非常靠后，甚至不如一些二、三线城市；深圳各级各类医院数量较少，三甲医院更是稀缺，数量远低于北京、上海、广州等城市，深圳的顶级公立医院、"百强医院"的数量也非常少。社会事业发展不足，社会公共产品和公共服务供给不够，公共产品和公共服务供给与人民群众日益增长的需求存在较大差距。

6. 逆全球化湍流冲击强劲，传统优势不再

深圳具有高度开放型经济的优势，但在迈向畅通国内大循环方面还有一些问题需要解决。例如深圳外贸依存度很高。依据各城市统计数据，仅 2021 年深圳外贸依存度达 115.6%，远高于上海的 94%、北京的 75.6% 和广州的 38.3%。当前部分发达国家兴起逆全球化的思潮，对深圳外贸、外资及经济持续增长形成了一定的压力，中低端制造业外迁趋向在一定程度上加剧了中国产业升级的急迫性。另外，国内城市间的创新竞争也愈发激烈，各城市纷纷将创新作为区域经济转型升级的重要战略引擎，创新竞争也接近白热化。大量城市凭借成本优势和政策优势对部分产业形成吸引力，进一步加剧了深圳产业发展的困境。未来，深圳需要继续提升企业自主品牌实力，开拓国内市场，适当调整目前的产业结构，以与畅通国内大循环相适应。这将是一个不小的挑战。

有效对接国际大循环是深圳的既有优势，但在这方面深圳面临的挑战也不少。除了要应对以美国为首的西方国家的技术封锁

和精准封杀之外，深圳还需要全方位地处理好"有限全球化"时代保护主义和单边主义可能盛行等不利国际环境带来的问题。例如，深圳作为外向型经济，是全球价值链体系中的重要一环，也因此更容易受全球供应链风险的影响。深圳是四个一线城市中第二产业增加值占地区生产总值比重最高的。深圳市统计局公布的数据显示，2022 年，战略性新兴产业增加值占地区生产总值的比重为 41.1%（截至 2023 年 11 月，该比重实现了新的增长，为 42.5%），先进制造业增加值增长 3.9%，高技术制造业增加值比上年增长 2.8%，占规模以上工业增加值的比重分别为 67.3% 和 60.6%，先进制造业和高技术制造业集聚效应显著，同时战略性新兴产业实现较快增长。然而，深圳在关键零部件和重大装备方面仍然受制于人，产业链、供应链安全问题凸显。因此，深圳需要在不断提高国际产业链、供应链、价值链的韧性和安全方面下功夫。

和国内其他一线城市相比，深圳还缺少类似于北京服贸会、上海进博会和广州广交会那样强有力的服务贸易通道或平台。深圳应该根据自身独特优势，例如毗邻香港的区位优势，打造自己的科创和金融等领域的服务贸易平台，巩固深圳作为链接国内国际两大循环的重要支点的地位。

7. 构建协同机制：粤港澳大湾区内部发展和挑战

如果协同机制未能有效建立，各城市之间的人才、资金流、物流、信息流等生产要素的跨市流动和对接将难以通畅，难以协调共进。如何与粤港澳大湾区其他核心城市协同发展，避免低水平竞争，已成为未来深圳发展的重要议题。

首先，深圳作为粤港澳大湾区的核心城市，如何破解各城市的本位主义，打破行政壁垒，形成真正的互联互通，是其引领粤港澳大湾区建设的一个重要挑战。城市群的发展动力内生于各城市的比较优势，只有在各城市职能高度互补且各自优势形成强大的溢出效应的基础上，才可能真正促进城市群的发展，形成集聚效应。要素自由流通下的各城市功能互补是城市群集聚效应和溢出效应发挥的前提。对于粤港澳大湾区这样一个新兴的城市群而言，它不仅涉及内地 9 个地市，而且涉及香港特别行政区和澳门特别行政区。这就意味着在粤港澳大湾区城市群的发展过程中，如何真正打破现有的行政壁垒，将市场的决定性作用和政府的合理引导结合，做到资源的互联互通，是一个棘手的难题。

其次，如何形成既符合各地当前比较优势，又顾及长期产业转型升级的分工布局，是深圳引领粤港澳大湾区建设的另一个挑战。客观地看，粤港澳大湾区各个区域的资源禀赋不同、发展阶段不同，香港在制度、人才、科技、金融方面具有得天独厚的优势，珠三角在制造业和一些新兴产业的发展过程中有出色的表现，澳门的产业和市场有待于进一步开拓和转型。三个地区各有优势，又各有其弊端，在这样的情况下，打造世界级的城市群，发挥各城市的互补溢出效应极为迫切。但是如何在产业分工布局方面找到契合点和集聚点，仍然需要进行大量的探索。从短期来看，三个地区需要在守住各自优势产业的基础上寻求产业的结合、分工，创造新的经济业态。从长期来看，又需要产业的动态调整，逐渐实现向高端制造业、高新科技产业、高端金融业和现代服务业的转型。其中一系列制度突破是非常繁杂的。

最后，如何破解既有的机制障碍，构建区域协调发展机制，是深圳乃至整个粤港澳大湾区发展的重大挑战和议题。比其他城市群及湾区更为复杂的是，粤港澳大湾区涉及一个国家、两种制度、三个关税区，不仅包含珠三角经济圈的 9 个主要地市，而且涵盖香港特别行政区和澳门特别行政区——"9+2"的组合模式超越了以往任何一个城市群的定位。这个湾区的经济发展，既要维持"一国两制"的政治架构，又要在"一国两制"的指导下实现不同法律、不同行政、不同关税体系的有效协调，推进区域一体化发展，使粤港澳三地长期繁荣。这意味着在新的发展阶段，"一国两制"下的区域政治经济治理模式需要做出调整。应当考虑如何形成常态化的交流合作协调机制，让人才、科技、资金等一系列要素在三个地区之间自由流通。

总之，深圳作为粤港澳大湾区和珠三角地区生产总值最高的城市、制造业实力最强的城市，应当更好地发挥增长极效应，抓住粤港澳大湾区建设的重大历史机遇，推动经济运行的规则衔接、机制对接和市场准入门槛的降低，消除目前货物和服务贸易的壁垒与障碍，处理好与其他城市的关系，促进人员、货物等各类要素高效、便捷流动，提升市场一体化水平。构建以规则、机制衔接为重点的制度型开放新格局，是深圳在粤港澳大湾区和中国特色社会主义先行示范区建设中充分发挥"双区"利好叠加、"双区"驱动效应，争当构建新发展格局的先行示范者的重要手段。

三、深圳的主要优势

相较于其他城市，深圳有其个性化的特点和优势。这些优势能够为深圳更好地抓住机遇、战胜挑战创造有利条件。总体来说，深圳的优势主要体现在以下十个方面：

第一，区位优势。深圳毗邻香港，与澳门的海上距离也非常近。深圳与香港的高铁已经开通，连接深港两地交通基础设施的完善，进一步增强了深圳的区位优势。

第二，经济规模优势。深圳地区生产总值已经超过香港、广州，在亚洲各大城市中排在前五位。

第三，产业和企业结构优势。深圳生产性服务业和制造业在整个产业结构中占主导地位。先进制造业和高技术制造业在深圳的产业结构中占有重要地位，具体的行业包括计算机、通信和其他电子设备制造业、专用设备制造业、汽车制造业、医药制造业等。深圳不仅在金融行业具有优势，还在制造业具有产业优势，未来深圳不仅要成为国际金融中心，还应成为国际制造业中心。从企业结构来看，深圳有 11 家企业上榜世界 500 强，对深圳经济起到拉动作用；同时，深圳还有数量庞大、充满活力的中小企业。

第四，人力资本优势。伴随着人才政策的推出，每年都有大量高层次人才在深圳集聚。

第五，金融资本优势。深圳的金融业发达，金融市场快速发展，各类金融资本在深圳集聚。

第六，公共管理效率优势。深圳公共管理的服务尽管还有缺陷，但是整体的公共服务意识较强，公共管理水平较高，企业和居民的满意度高。

第七，政策优势和竞争优势。深圳前海具有一系列政策优势。整个深圳在国际上具有较强的竞争力。深圳已成功将政策优势转变为竞争优势。

第八，市场开放度优势。深圳对外开放水平高，出口值在国内大中城市中长期排名第一。

第九，创新优势。深圳企业的创新能力强，深圳一年的专利数量相当于英国与法国之和。

第十，产业链优势。在高端制造业方面，深圳已经形成完整的产业链，其中包括生产性服务业。

第 8 章

深圳服务和引领"三新"的
历史使命、战略方向和总体思路

一、"三新"背景下深圳的历史使命和战略目标

深圳经济特区 40 多年的辉煌成就和"十三五"时期的发展成就，为深圳服务和引领"三新"而制定发展目标和承担历史使命提供了现实保障及有力依据。40 多年来，深圳地区生产总值从 1980 年的 2.7 亿元至 2021 年首度跨越 3 万亿元大关，经济总量跻身全球十强城市，位居亚洲城市第四位（仅次于东京、上海、北京），并从 2018 年开始超过香港，连续三年跻身亚洲前五。财政收入从不足 1 亿元增加到 11110 亿元，成功进入具有全球影响力的国际化大都市之列。深圳还一直坚持实行"引进来"和"走出去"相结合，积极吸引全球外资，进出口贸易稳步增长，其中出口规模连续 31 年居全国之首，实现了由进出口贸易为主到全方位高水平对外开放的历史跨越。同时，深圳在国家创新型城市创新能力排名中位居第一，建立起"基础研究＋技术攻关＋成果产业化＋科技金融＋人才支撑"的全过程创新生态链。另外，深圳居民生活水平大幅提高，2022 年居民人均可支配收入为 72718 元，为开启全面建设社会主义现代化国家新征程、服务构建新发展格

局奠定了坚实基础。

"十三五"时期，深圳发展质量跃上高台阶。综合经济实力和科技创新能级大幅跃升，地区生产总值年均增长 7.1%，人均地区生产总值居内地城市前列。高新技术产业发展成为全国的一面旗帜，全社会研发投入占地区生产总值比重达 4.93%。同时，改革开放实现了重大突破，国家层面积极参与"一带一路"建设，省级层面主动融入"一核一带一区"区域发展格局。在粤港澳大湾区积极发挥核心引擎的功能，成为全国改革开放的一面旗帜。

在全面建成小康社会、实现第一个百年奋斗目标之后，我国进入一个新发展阶段，向第二个百年奋斗目标进军。"三新"背景下，深圳被赋予了特殊的历史使命，有了新的战略目标。

1. "三新"背景下深圳的历史使命和重要定位

在"三新"背景下，中央赋予深圳特殊的历史使命和战略目标。构建新发展格局是应对新发展阶段的机遇和挑战、贯彻新发展理念的战略抉择。深圳肩负着建设中国特色社会主义先行示范区、粤港澳大湾区和实施综合改革试点的历史使命，在支撑和服务国家构建新发展格局中有着独特的作用与战略地位。因此，立足于新发展阶段，贯彻创新、协调、绿色、开放、共享的新发展理念，构建新发展格局，国家对深圳的发展目标和战略方向提出新的要求的同时，也赋予深圳特殊的历史使命和重要定位。

2019 年 2 月，中共中央、国务院印发《粤港澳大湾区发展规划纲要》，标志着粤港澳大湾区建设正式上升为国家战略，确立了深圳作为粤港澳大湾区四大核心引擎之一的地位。同年 8 月，《中共中央国务院关于支持深圳建设中国特色社会主义先行示范区的意见》的发布再次凸显了深圳的重大历史使命和重要战略地位。2021 年 3 月,"十四五"规划中进一步明确了构建国内国际双循环相互促进的新发展格局,并更加强调区域协同发展和深化改革。在新发展格局和深化改革中,粤港澳大湾区可以说是"双循环"的交汇点和深化改革的"试验田",深圳则是"排头兵",在先行先试中具有重要的引领作用。

因此,立足于服务国家发展战略和构建新发展格局,并综合考虑不断变化的内部环境和外部环境,深圳的战略目标和功能定位应遵循中央改革顶层设计和战略部署要求,贯彻"中央要求、湾区所向、港澳所需、深圳所能"的思路,更好地融入国家发展大局,做好"双区"建设的核心引擎。

基于此,应充分发挥"双区"利好叠加、"双区"驱动、"双改"示范效应,深圳的战略方向和发展的总体思路应围绕习近平总书记关于把握新发展阶段、贯彻新发展理念、构建新发展格局背景下深圳的机遇和挑战系列论述中提及的"供给侧结构性改革""经济高质量发展""国内大循环""国内国际双循环""三去一降一补""高水平开放型经济新体制"等展开,遵循"把实施扩大内需战略同深化供给侧结构性改革有机结合"等战略设计,与中央的战略要求进行有效衔接。

2. 新发展阶段深圳的总体目标

从理论和实际、历史和现实、国内和国外相结合的高度,我们认为,立足新发展阶段、贯彻新发展理念、服务国家构建新发展格局，深圳的总体目标应该设定为实现高水平开放的世界顶级创新之都。新发展阶段是向第二个百年奋斗目标进军的新阶段，包含到 2035 年基本实现社会主义现代化与到本世纪中叶把我国建成富强民主文明和谐美丽的社会主义现代化强国两个远景目标。在新发展阶段，深圳开启了中国特色社会主义先行示范区建设的新征程，深圳经济特区改革开放也再次深化。

具体来说，一是深圳要努力成为构建新发展格局的先行示范者，增强在粤港澳大湾区中的核心引擎功能，坚持质量引领、创新驱动，率先建设体现高质量发展要求的现代化经济体系；二是深圳要率先塑造展现社会主义文化繁荣兴盛的现代城市文明，率先形成共建、共治、共享的民生发展格局；三是深圳要构建更具国际竞争力的现代产业体系，打造世界高端要素集聚地、科技产业创新策源地、全球电子信息产业高地、内外循环链接地和规则衔接示范地，从而成为我国构建新发展格局的重要战略支点；四是深圳要进一步提高公共管理效率和法治建设水平，加快实现社会治理体系和治理能力的现代化，为"中国之治"打造城市范例。

3. 新发展阶段深圳的阶段性目标

为了达到上述总体目标，深圳应坚持以粤港澳大湾区建设为纲，以先行示范区建设为总牵引、总要求，遵循习近平总书记关于"三新"的指导精神，推动先行示范区建设开好局、起好步。中共中央、国务院为深圳设定了以下阶段性目标："到 2025 年，深圳经济实力、发展质量跻身全球城市前列，研发投入强度、产业创新能力世界一流，文化软实力大幅提升，公共服务水平和生态环境质量达到国际先进水平,建成现代化国际化创新型城市。到 2035 年,深圳高质量发展成为全国典范,城市综合经济竞争力世界领先,建成具有全球影响力的创新创业创意之都,成为我国建设社会主义现代化强国的城市范例。到本世纪中叶,深圳以更加昂扬的姿态屹立于世界先进城市之林,成为竞争力、创新力、影响力卓著的全球标杆城市。"

对标上述阶段性目标,深圳需要聚焦高质量发展,立足高标准规划,推动高水平建设,具体分为以下几个阶段和几个方面:一是 2025 年,初步建成"地域嵌入型世界级经济平台"(本书下一章将详细阐述这个概念),保障资本、人才等资源要素引进来、留下来,以对标 2025 年建成现代化国际化创新型城市,基本实现社会主义现代化,助力国家建设具有世界竞争力的都市圈和城市群。二是 2030 年,建成引领可持续发展的全球创新城市,科技创新能级跃居世界城市前列。全面增强深圳作为粤港澳大湾区核心引擎和资源配置的功能,成为全球重要的创新中心、金融中心、商贸中心和文化中心,成为世界级湾区核心都市。三是 2035 年,实现建设中国特色社会主义先行示范区的目标,即成为我国建设社会主义现代化强国的城市范例。同时,2035 年经济目标是成为高度发达经济体,即人均地区生产总值超过 5 万美元。四是未来 20 多年助力国家实现建设社会主义现代化强国的目标,即到本世纪中叶,成为竞争力、创新力、影响力卓著的全球标杆城市,充分彰显中国特色社会主义的制度优势。

二、"三新"要求下深圳发展的战略方向和总体思路

基于以上独特的历史使命和战略目标，深圳发展的战略方向和总体思路可以从以下五个方面整体布局，以最终实现高水平开放的世界顶级创新之都的总体目标：一是助力国家打造高水平自立自强的创新驱动型城市范例；二是链接国内国际双循环的高水平对外开放平台；三是打造深港深度合作的世界级科创与金融双中心；四是推进中国标准国际化的规则与制度示范区建设；五是建设世界级现代化、数字化、智能化城市群和都市圈典范区。

1. 助力国家打造高水平自立自强的创新驱动型城市范例

习近平总书记在阐释"三新"内涵时强调，"构建新发展格局最本质的特征是实现高水平的自立自强"①。科技自立自强要求深圳肩负创新驱动功能，形成更高水平的供需平衡。深圳优质的公共服务有利于创新人才集聚和高新技术产业集群培育。深圳应该以强大的科技创新能力为牵引，汇聚人才、资本、技术、数据等优势发展要素，成为助力国家实现高水平自立自强的创新驱动型城市范例。

科技自立自强强调自主创新，深圳应全面加强对科技创新的部署，集合优势资源，有力、有序推进创新攻关的"揭榜挂帅"

---

① 习近平 2021 年 1 月 11 日在省部级主要领导干部学习贯彻党的十九届五中全会精神专题研讨班上的讲话《把握新发展阶段，贯彻新发展理念，构建新发展格局》，《习近平著作选读》第二卷第 412 页。

体制机制,加强创新链和产业链对接。作为经济发展优势地区,深圳具备引领科技创新、产业跃升发展的能力和条件,应该以提升"五力"、打造"五地"、推进"四链融合"为着力点,充分发挥产学研深度合作优势,增强产业链、供应链的自主可控能力,提升优势产业的国际竞争力,积极抢占未来科技产业的制高点。要成为助力国家实现高水平自立自强的创新驱动型城市范例,深圳还应探索关键核心技术攻关及新型举国体制的深圳路径。

同时,服务国家构建新发展格局要求深圳助力提升产业链、供应链的安全稳定性。深圳作为具有产业和人口优势的城市,应充分依托国内强大市场,不断优化升级生产、分配、流通、消费体系,以全面提升产业链、供应链的稳定性;应聚焦突破"卡脖子"技术,锻造一批"撒手锏"技术,强化科技成果转移转化,超前布局前沿技术和颠覆性技术研发,以期在提升创新链、产业链能级上有更大作为,增强抵御外部风险的能力;应激发企业技术创新活力,提升科研机构自主创新能力,深化科技供给侧结构性改革,提升科技创新开放协同水平,以建设具有全球影响力的科技和产业创新高地。

2. 链接国内国际双循环的高水平对外开放平台

"加快构建以国内大循环为主体、国内国际双循环相互促进的新发展格局"是以习近平同志为核心的党中央,根据我国发展阶段、环境、条件变化作出的战略决策。在服务国内大循环、联通国内国际双循环的新发展格局要求下,深圳需努力成为链接国内国际双循环的高水平对外开放平台,成为构建新发展格局的先行示范者。同时，全面融入以国内大循环为主体、国内国际双循环相互促进的新发展格局，要求深圳发挥集聚功能，成为提供人口集聚、产业集聚、科技创新和对外开放功能的平台。深圳一直坚持实行"引进来"和"走出去"相结合，积极利用"两个市场""两种资源"，吸引全球投资，已经开始打造全方位高水平对外开放平台。

2022 年 1 月，《国家发展改革委、商务部关于深圳建设中国特色社会主义先行示范区放宽市场准入若干特别措施的意见》中提出，按照《中共中央国务院关于支持深圳建设中国特色社会主义先行示范区的意见》《深圳建设中国特色社会主义先行示范区综合改革试点实施方案（2020—2025 年）》和《建设高标准市场体系行动方案》的部署要求，深圳应该持续推动放宽市场准入，打造市场化、法治化、国际化营商环境，带动粤港澳大湾区在更高起点、更高层次、更高目标上推进改革开放。基于此，深圳可以探索建立政府和市场高效协同、国内和国外有机联动的高水平对外开放平台；深化国际经贸和产能合作，深度参与"一带一路"建设，通过支持和引导企业面向全球配置资源、拓展市场来形成国内国际双循环的战略支点；加快形成与国际接轨的规则、制度体系，构建具有国际竞争力的现代产业体系，为国家打造新发展格局的战略支点提供强有力的支撑。

3. 打造深港深度合作的世界级科创与金融双中心

在全面推进粤港澳大湾区建设的背景下，深圳和香港作为这个湾区的两大核心引擎，其紧密融合和一体化发展要求深圳发挥一体化功能和国际化功能，以打造实现深港深度合作的世界级科创与金融双中心。深港合作经历了多个发展阶段，从内地与港澳签订《关于建立更紧密经贸关系的安排》（CEPA）及"自由行"开放、"深港创新圈"设立，到《全面深化前海深港现代服务业合作区改革开放方案》的印发、河套深港科技创新合作区的建设，以及香港特区政府提出的北部都会区的建设规划，深港已经进入深度合作发展阶段。深港合作的形式和内容从最初的产业转移、"前店后厂"的"垂直分工"升级到今天的高新技术产业和现代服务业的合作，涵盖经济、科技、生态建设、城市建设等全领域。在新发展阶段，深圳在高质量推进前海深港现代服务业合作区开发建设、河套深港科技创新合作区建设和深港高水平金融合作平台建设中肩负着重要使命。

从发展目标和实际情况来看，深圳应在深港合作中发挥更积极主动的作用，比如坚持依托香港、服务内地、面向世界，探索协同发展模式；着眼于深港两地各自的优势领域，研究推动两地规则衔接、机制对接，以实现优势互补。深港可以充分发挥合作优势，特别是在科技创新和金融两个领域，加强政府部门、法定机构、商会协会等交流，构建多层级合作框架机制；进一步打破资金、信息、人才、商品等方面的跨境流动障碍，打通科技、金融等方面有形无形的"关口"（比如深港科创融资渠道和风险投资渠道），最终实现深港深度合作的世界级科创和金融双中心。

4. 推进中国标准国际化的规则与制度示范区建设

2021 年 10 月 10 日，中共中央、国务院印发的《国家标准化发展纲要》中提出，实施标准国际化跃升工程，推进中国标准与国际标准体系兼容。2021 年 12 月，国务院办公厅印发的《关于促进内外贸一体化发展的意见》中提出，积极开展国内国际标准转化，补齐国内标准短板，提高标准技术水平，持续提升国内国际标准一致性，以实现更高水平开放和更高质量发展。深圳需要发挥国际化功能，在重点领域开展标准质量提升行动，促进中国标准与国际标准衔接互认。

当前，中国面临严峻的国际环境和不断变化的内部环境，给经济社会的发展及进一步开放带来新的机遇和挑战。粤港澳大湾区建设和深港合作在变化的国际形势中也面临前所未有的挑战，新一轮的科技革命和产业变革正在重新塑造世界格局。这些新形势要求中国必须进一步深化改革开放，适应变化中的外部环境和变化中的合作规则。深圳作为我国深化改革开放的先行先试者，承担着成为中国标准国际化的规则与制度示范区的重要使命。

在深港融合发展的过程中，要形成长效的要素资源对接和规则、制度衔接等机制。例如，建立健全深港科技创新协同机制，加强深港规则衔接和发展联动。在新发展阶段，深圳需要进一步推动制度型开放，保障外商投资、企业依法参与标准制订，以推动内外贸一体化发展。这有利于联通国内国际双循环，为构建新发展格局提供更强的制度支撑。在这种背景下，深圳成为中国标准国际化的规则与制度示范区势在必行。

5. 建设世界级现代化、数字化、智能化城市群和都市圈典范区

《广东省国民经济和社会发展第十四个五年规划和二〇三五年远景目标纲要》中特别提出,要优化"一群五圈"城镇空间格局,增加中心城市和城市群、都市圈的核心功能,形成以城市群为主要形态的增长动力源,加快城市群和都市圈建设是构建新发展格局的重要战略路径。在"双区"建设的背景下,深圳应牢牢把握"一个尊重""五个统筹"的城市工作基本思路,加快打造全球数字先锋城市,助力粤港澳大湾区加快建设世界级数字化、智能化城市群和都市圈是其重要使命,也是其功能所在。深圳作为"双区"建设的中心城市,应充分发挥核心引擎功能,增强在"一核一带一区"区域发展新格局中的主引擎作用,形成以"中心城市带动都市圈、城市群发展,都市圈带动区域发展"的联动发展模式。

当前,深圳都市圈的经济规模和人口数量均位居国内前列,对全省乃至全国建设都市圈、城市群具有重要支撑作用。深圳要继续完善基础设施建设,并加快发展数字产业、数字政府、数字城市、智慧城市改革建设,充分激发整体效应、集聚效应、协同效应、战略效应、辐射引领效应,建设现代化都市圈。在实现交通一体化的基础上,将产业一体化作为突破口,同时将城市一体化作为空间载体,形成内外交通畅达、城市功能完善、多元主体共治的都市圈协同一体化发展模式。

深圳都市圈应充分发挥核心功能,为以深圳为中心的城市群建设提供动力源。服务国家构建新发展格局,深圳要致力打造具

有全球影响力的现代化、国际化、创新型都市圈，助力粤港澳大湾区建设为富有活力、竞争力的国际一流湾区和世界级城市群，成为建设世界级现代化、数字化、智能化城市群和都市圈典范区。

第9章

以打造"地域嵌入型世界级经济平台"实现深圳使命

一、跨越"中等收入陷阱"与中国新发展阶段

新发展阶段是我国从全面建成小康社会向全面建成社会主义现代化强国的发展阶段，也是向第二个百年奋斗目标进军的关键阶段。在实现第二个百年奋斗目标的"两步走"战略安排中，党中央对促进共同富裕提出了明确要求：到"十四五"末"全体人民共同富裕迈出坚实步伐"，到本世纪中叶"全体人民共同富裕基本实现"。

上述目标的实现都有一个前提条件，那就是彻底跨越"中等收入陷阱"。习近平总书记指出："对中国而言，'中等收入陷阱'是肯定要过去的，关键是什么时候迈过去、迈过去以后如何更好向前发展。我们有信心在改革发展稳定之间，以及稳增长、调结构、惠民生、促改革之间找到平衡点，使中国经济行稳致远。"[①]在新发展阶段，构建"双循环"新发展格局、实现社会主义现代化的进程，也将是推动中国跨越"中等收入陷阱"、步入高收入

---

① 习近平 2014 年 11 月 10 日在出席亚太经合组织领导人同工商咨询理事会代表对话会时的讲话，2014 年 11 月 11 日《人民日报》。

阶段的历程。对于中国经济而言，跨越"中等收入陷阱"是新发展阶段必须完成的重要使命。关于如何跨越"中等收入陷阱"，创新、协调、绿色、开放、共享的新发展理念已经为我们提供了指导原则和行动指南，构建"双循环"新发展格局为我们提供了路径选择。

从近几十年世界各国发展的经验来看，跨越"中等收入陷阱"并不容易。二战以来，只有几个中等收入经济体成功地跻身为高收入经济体，大部分国家陷入经济增长的停滞期，既无法在人力成本方面与低收入国家竞争，更无法在尖端技术研制方面与富裕国家竞争。梳理这些国际案例中的得失经验，将有助于厘清以新发展理念和新发展格局为指导思想跨越"中等收入陷阱"的实践路径和着力点，更加全面地理解、发挥新发展理念和新发展格局的战略价值。深圳尽管突破了"中等收入陷阱"，但肩负着重大责任，还需要助力整个国家跨越"中等收入陷阱"。

国际上公认的成功跨越"中等收入陷阱"的国家或地区很大一部分在东亚儒家文化圈，比如日本和亚洲"四小龙"（韩国、新加坡、中国香港和中国台湾）。不过，就大规模的经济体而言，仅日本和韩国实现了由低收入经济体向高收入经济体的转换。这些经济体可以说是"例外"，因为人们看到的大多是陷入"中等收入陷阱"的经济体。例如东南亚和南美洲的诸多国家，在过去半个多世纪里几经反复却无法跨越发达国家的门槛。其中有比较特殊的，如阿根廷虽然一度成为高收入经济体，但无法保持和巩固已经取得的发展成果，又退回到中等收入水平而徘徊不前。

中国过去对是否会陷入"中等收入陷阱"有过激烈的讨论，

出现了两种截然不同的声音：乐观派认为中国没有陷入"中等收入陷阱"的风险，甚至认为已经避开了这个"陷阱"；悲观派则认为中国不仅有陷入"陷阱"的风险，而且在很多方面已经进入了这个"陷阱"。2021 年，国内人均生产总值 1.25 万美元，但我国台湾地区则高达 3.3 万美元。像中国这样大的国家，不仅各地发展差异巨大，各个社会群体之间的收入差异也很大，即使人均国民收入方面跨越了"中等收入陷阱"，但很多地区和社会群体仍然有可能陷入"陷阱"。也就是说，即使就总量而言，中国跨越了这个"陷阱"，但社会的很多方面仍然会出现"中等收入陷阱"的现象。因此，虽然现在关于"中等收入陷阱"的讨论不像几年前那样激烈了，但这个问题客观上依然是存在的。时至今日，在中国内外经济环境变化的时候，还是需要正视和讨论这个问题。

迄今为止，中国在跨越"中等收入陷阱"方面的讨论与相关政策的关联还需进一步商榷。

第一，讨论的焦点过于集中于政府，而非企业。或者说，过度强调国家的宏观政策尤其是产业政策的作用，忽视甚至漠视了企业的角色。诚然，产业政策可以促进企业的转型升级，但能否实现，还需要结合企业的实际情况来看。所谓"有效供给"就是企业需要的供给，而非政府设想或者计划的供给。政府如果一厢情愿地供给或者强制企业接受政府的供给，会对企业产生致命影响。无论处于何地，经济的主体都是企业（包括国有企业），而非政府。

再者，现有的各种侧重于国家层面的政策分析大多较宏

观，很难看得到如政治经济学家阿尔伯特·赫希曼（Albert
Hirschman）所说的"关联性"（linkage），即如何从一个因素的引
入导向另一个因素的出现。现实地说，国家的宏观经济政策意向
一定是好的，但经常会在实施过程中引起一些企业的政策寻租行
为，这显然不利于跨越"中等收入陷阱"。那些陷入"中等收入陷
阱"的国家也并非没有宏观政策，但是很多宏观政策往往导致企
业竞争能力减弱。从这个角度来看，人们需要以超越政府的视角，
更多地关注企业行为与辅助国家跨越"中等收入陷阱"过程的关
联性。只看政府行为，而不看企业行为，不仅跨越不了这个"陷
阱"，反而会更快地进入这个"陷阱"。

　　第二，过分强调那些已经跨越"中等收入陷阱"或者陷入
"中等收入陷阱"的经济体，而忽视了对发达国家的讨论和反思。
研究发展中国家如何跨越"中等收入陷阱"的经验固然重要，但
发达国家经济发展水平持续保持稳定性的经验更需要借鉴。二战
以后，大多数发达国家都经历了不同的经济危机和政治危机，比
如20世纪70年代的能源危机、2008年的全球金融危机等，均导
致经济产生过波动。近年来，多数发达国家都在经历具有民粹主
义性质的政治危机。但不管如何，发达国家的经济发展水平是稳
定的，没有像部分发展中国家那样大起大落。发展中国家的例子
如印尼，1997年亚洲金融危机，印尼发生政治革命，过去数十年
的建设成就似乎一夜之间就消失了；发达国家的例子如日本，日
本自房地产泡沫破灭以来，一直被人们"嘲笑"，诸如"失去的十
年""失去的二十年"等等。但问题是，日本的发展水平依然如故，
社会经济照常运行。即使就人均国民收入来说，发达国家的确发

生过滞胀，但并没有下降多少。这也同部分发展中国家形成了鲜明的对比。可以说，研究发达国家如何维持经济发展水平，对中国如何跨越"中等收入陷阱"具有更重要的意义。

归根到底，"中等收入陷阱"问题无非就是财富问题，包括财富的创造和分配两个层面。发达国家往往是典型的资本主义国家，财富创造的主体是企业，而非政府。发达国家之所以能够维持较高的经济发展水平，主要是靠企业推动。在过去数十年的全球化中，发达国家的企业创造了巨量的财富，对维持企业所在社会的高度繁荣起到了关键作用。也就是说，至少就财富创造、留住和增值来说，发达国家的经济体制和企业体制并没有出现严重问题。发达国家是在分配方面出现了严重问题，企业创造的巨量财富留在极少数人手中，而政府没有或无法将新创造财富进行有效分配以实现社会公平。今天的中国，尽管同时面临财富创造和分配的问题，但主要问题是财富的创造，而非分配。与西方比较，中国政府具有强大的动员能力来分配财富，但仍需持续强化动员和引导全社会进行财富创造的能力，需要借鉴发达国家通过企业来创造财富，因为在中国财富创造的主体同样也是企业。

二、打造"地域嵌入型世界级经济平台"对中国的重要性

发达国家是如何维持其经济在创造财富方面的先进性的呢？我们认为，具有数个大规模"地域嵌入型世界级经济平台"的经济发展空间格局，是像美国这样的大型发达国家保持其经济先进

性和竞争力的关键。创造和提供一系列条件，使掌握高端核心技术的优质资本和人才都想进入，进入之后不会走、不想走，也走不了，是"地域嵌入型世界级经济平台"的本质特征。以服务企业为中心，让企业和企业家将自身发展与本地经济社会的长期可持续发展紧密联系在一起，并使其充分发挥创新和财富创造的功能，是"地域嵌入型世界级经济平台"的核心内涵。

比如美国硅谷。从创新思想的诞生到技术研发，再到关键零部件的设计、生产，都是在美国硅谷完成的，这就是一个"地域嵌入型世界级经济平台"的典型例子。欧洲也是如此，很多企业及科技研发都离不开那块土地、那个平台。它们已经完全嵌入这个地区的生产链，离开那里将无法运作。

发达国家为资本和技术创造良好的地域性条件，使得资本成为"嵌入地域"资本。正是因为资本需要流动，也不会停止流动，所以更需要给资本创造良好的地域条件。尽管当代西方问题重重，但并没有出现高端资本外流的情况。财富分配"形势"严峻，但受影响的大多是底层社会，并没有影响到高层社会，即社会话语权的实际掌控者。中上层中产阶级仍然和资本配合，享受资本带来的好处，而这些群体也正是掌握资本和技术的阶层。地域性条件包括形成完整的产业链、教育和培训系统以及技术劳动力的提供等方面。资本可以流动，但这些是"移不走"和"离不开"的。实际上，高端技术和优质资本是离不开这些地域性条件的，这些大多也是资本本身确立的（例如大学和技术培训学校）。因此，在全球化背景下，西方流失的都是那些非核心的经济技术活动。这也是西方保持领先，或者衰落得不是那么快的原因。

在"地域嵌入型世界级经济平台"的财富创造中发挥主要作用的是企业，而发达国家的政府贯彻以服务企业、激励企业家通过创业创新发挥其财富创造能力为核心的执政思路。其中最为重要的是西方的"法治"，即一整套保护企业家所创造的财富（私有财产）的机制。财富（财产）安全对企业家来说无疑是核心问题，也是最基本的需求。没有做到这一点，其他就无从谈起。不过，就技术进步本身来说，还需要满足其他条件。除了发达国家以"国家安全"名义避免核心技术外流之外，还有体制机制方面要维持企业的开放性和竞争性，包括反垄断法律。反垄断对西方的创新尤为重要，因为反垄断才能维持一个经济体的开放性，不但是对外的开放，而且是对内的开放，即让新类型的企业发展起来；否则一旦形成垄断，就很难避免出现政商一体的情况，最终演变成为寻租经济，不仅企业向政府寻租，政府或者政府官员也可以向企业寻租。

此外，在处理资本和劳动者之间的关系上，在二战后到 20 世纪 80 年代，很多发达经济体实现了"做大饼"和"分大饼"之间的平衡，避免了资本没有动力、不愿有所作为的问题。在这方面，尽管发达国家的政府都面临福利社会的压力，但它们仍然实现了两者之间的平衡。政府通过税收和金融等一系列向企业倾斜的政策，保障了西方高端技术和优质资本没有流失。在最近数十年里美国、英国等西方国家新自由主义经济政策盛行，导致收入分配失调，社会分化加剧，社会变得不稳定；但新自由主义经济政策倾向于资本，这些国家的科技创新能力并没有减弱。与发达经济体不同，很多发展中国家经常在极左和极右两个极端之间摇摆，对资本和民众利益造成损害。其中拉美国家最为典型，这些国家经常在极左民粹主义政策（"分大饼"）和极右民粹主义政策之间摇摆，经济发展起伏巨大，这也是其长期陷入"中等收入陷阱"的主要因素。其他很多发达经济体也是围绕着企业的发展而跨越"中等收入陷阱"的。这尤其表现在日本和亚洲"四小龙"过去所取得的成就上，也表现在这些经济体今天所面临的问题上。中国台湾和中国香港出现的发展问题既是政府的问题，也是企业的问题；日本、韩国和新加坡的成功则归功于政府和企业的有效配合。

当今世界三大湾区的美国纽约湾区、旧金山湾区和日本东京湾区就是"地域嵌入型世界级经济平台"的典型代表。科睿唯安（Clarivate Analytics）根据拥有专利的价值和数量等评出全球最具创新力的100家企业和研究机构，从2012年开始，每年发布全球百强创新机构榜单，榜单上大部分是美国和日本企业。2021年，美国和日本分别有42家和29家企业上榜，其中许多企业就来自上述三大湾区。美国在其东、西海岸各拥有一个世界顶级的"地域嵌入型世界级经济平台"，即纽约湾区和旧金山湾区，这也是美国能保持其经济竞争力和领先世界的科创能力的重要保障。

以旧金山湾区为例，该湾区由9县、101个建制市构成。早期湾区内城市各自为政，产业同质化带来恶性竞争。为协调区域管理和发展，由企业赞助的湾区委员会于1945年成立，后建立了多个专门机构，如旧金山湾区政府协会（ABAG）、大都市交通委员会（MTC）、海湾保护和开发委员会（BCDC）、湾区空气局（BAAQMD）等。这些跨区域的湾区专门机构，以区域统筹规划为目标，搭建了各城市间的沟通桥梁，强化了地方政府间的合作与协调，防止了城市无序扩张，解决了土地使用、住房和交通、环境质量、防震等公共问题，为旧金山湾区的企业发展奠定了良好的基础设施、公共服务和制度环境基础。

旧金山湾区内的多所高等院校及其科研机构也为该地区的发展做出了巨大贡献。该湾区内有像斯坦福大学和加利福尼亚大学伯克利分校这样的世界顶级的研究型大学。二战后，硅谷的崛起使得旧金山湾区上升为世界级的"地域嵌入型世界级经济平台"。斯坦福大学与旧金山湾区内企业的长期深度合作是促成硅谷崛起的重要因素。从 1946 年开始，在斯坦福大学工程学院院长弗雷德里克·特曼（Frederick Terman）教授的鼓励下，该校的许多教职员工和毕业生开始在大学周边地区创业。在特曼的推动下，斯坦福产业园于 1951 年建立起来，在那一时期培育孵化了包括惠普、瓦里安联合公司、柯达、通用电气和洛克希德在内的一批高科技企业，为后来硅谷的建立奠定了基础。

成熟和发达的利于创新的风险投资等金融体系是硅谷成为美国乃至世界高科技企业之都的另一个重要条件。美国风投业之所以能取得成功，不光依靠美国强大的金融系统和雄厚的财力，一大批具有科技素养和创新创业经验、对科创企业和团队具有鉴赏力及识别力的企业家加入风投业，也是其中的一大关键。例如，1957 年成立于硅谷的仙童半导体公司（Fairchild Semiconductor），不但自身取得了巨大的成功，其核心员工还二次创业，在 1961 年成立了旧金山湾区的第一家风投基金公司，在 1972 年成立了红杉资本（Sequoia Capital），此后还建立了数十家硅谷骨干企业，其中就包括今天的半导体产业巨头英特尔（Intel）和超威半导体（AMD）。这些公司被媒体亲切而幽默地称为"仙童子公司"（Fairchildren Companies）。此外，仙童半导体公司的离职人员还通过投资入股的方式间接地促成了苹果、雅虎、谷歌、思科、领英等企业的诞生。据统计，目前美国有 2000 多家科技企业的创立与仙童半导体公司前员工的二次创业或投资行为有关，其中 92 家是上市企业。

需要指出的是，每一个"地域嵌入型世界级经济平台"的形成都有其独特性，都是因地制宜地利用自身优势，打造符合自身特质的产业链和经济发展核心引擎的结果。硅谷作为旧金山湾区的核心引擎，部分特质（例如远离政治中心的"西部文化""车库文化"）是另外两大湾区不具备的。然而，纽约湾区和东京湾区同样凭借自身的优势成为世界顶级的经济平台。这些发达国家能够形成"地域嵌入型世界级经济平台"，其中的一个共同点就是做到了以服务企业为中心。从上述旧金山湾区崛起的案例就可以看出，无论是其地方政府、本地高校，还是由企业家引领的风投业，都是以更好地服务企业为核心，为企业发展解决了基础设施、制度环境、人才和资本等问题。

由于发达国家成功地解决了以上问题，其企业保持了技术领先水平。到今天为止，大多数核心技术仍然掌握在发达国家手中，大多数原创性技术也先发生于西方，西方仍然占据着创新发明的高地。在全球化时代，尽管技术从西方扩散到发展中国家，但核心技术仍然留在西方国家，并没有流出去。反观很多发展中国家，它们面临的困境是其资本流向发达国家，而不是留在本国。发达国家流向发展中国家的大都是技术含量较低的资本，如劳动密集型资本;发展中国家流向发达国家的则是最好的技术型资本。同时,由于发达国家的技术水平高,高端人才也是从发展中国家流向发达国家,而不是相反。发展中国家承担了环境、土地、劳工等多方面的代价,但因为吸引不到或者无法留住优质资本,经济发展仍然不可持续。这便是一种恶性循环。

新发展理念指向的是高水平发展、质量型经济。对中国来说,数量型的经济扩张已经达到一定水平,跨越"中等收入陷阱"无疑需要依靠质量型经济,即依靠高端技术和优质资本,实现高质量发展。从这个角度来看,在新发展阶段,在中国打造数个"地域嵌入型世界级经济平台",是贯彻新发展理念、助力构建"双循环"新发展格局的有力抓手,也是帮助中国跨越"中等收入陷阱"的一大关键。如果能在粤港澳大湾区、长三角、京津冀等地区形成几个超大型"地域嵌入型世界级经济平台",它们释放的强大发展动能,将为中国在新发展阶段成为中等发达国家、基本实现共同富裕奠定坚实的经济基础。

就产业升级而言,中国需要形成数个高端产业链,这些产业链具有地域性,并不会因外在形势的变化而迅速流失。曾经的珠三角被称为"世界制造业基地",已形成了比较完整的产业链,但整体升级还没有完成,很多领域一直停留在劳动密集型。经历了2008年全球金融危机之后,尽管东莞等地经过转型也得到了发展,但没有起到留住和继续吸引优质资本应有的作用。幸运的是,深圳现在正在快速形成以高端技术和优质资本为核心的产业链,并且向周边地区扩散。在全球化时代,资本是流动的且跨国界的,不能依靠政治因素(例如国家安全)和行政因素使资本驻足。"地域嵌入型"经济就是提供一系列条件，使得优质资本和人才都想进入，进入之后不会走、不想走，也走不了。"地域嵌入型"经济对整个国家的经济发展具有重大意义。如果整个粤港澳大湾区、长三角和京津冀等区域都能形成具有自身特质的产业链，在留住自己的优质资本的同时吸引优质外资，那么无疑将有助于中国跨越"中等收入陷阱"，实现高质量发展，成为高收入经济体，并且经济保持稳定。

三、通过建设"地域嵌入型世界级经济平台"实现深圳发展目标、发挥深圳在国家构建新发展格局中的功能

借鉴发达国家的成功经验，中国在新发展阶段要彻底跨越"中等收入陷阱"、实现高质量发展，需要在粤港澳大湾区、长三角、京津冀和成渝等地区打造几个超大型的"地域嵌入型"的世界级经济平台。深圳作为粤港澳大湾区核心引擎之一并肩负中国特色社会主义先行示范区建设的重任，在新发展阶段要有更超以往的担当和作为。具体而言，深圳要学习、借鉴西方发达国家的经验，建设以深圳为核心的"地域嵌入型世界级经济平台"，吸引、留住及利用国内外优质资本、技术和人才，并将其发展与本地经济的长期发展紧密结合，保证这些优质资源不随国际形势变化或其他因素而流失，从而引领中国向成为社会主义现代化强国的目标持续突破、不断迈进。

1. 深圳建设"地域嵌入型世界级经济平台"的优势和短板

深圳作为国内市场化程度最高的城市之一，在建设"地域嵌入型世界级经济平台"方面具有一系列重要优势。深圳作为我国第一个经济特区，充分利用了中央赋予的一系列政策优势，并成功地将这些政策优势转变为竞争优势。深圳市政府公共管理效率优势突出，多年来致力于建设法治型、服务型、廉洁型政府，利用特区立法权优势，以市场化、法治化、国际化和便利化为目标，力推多项改革，简政放权，优化办事流程，构建了公平、透明、宽松的营商环境。这些成绩得到社会的肯定，并体现在一些专业机构的相关研究中。在《中国法治政府评估报告（2018）》中，城市法治政府水平排名中深圳位列第一。在由中外城市竞争力研究院等机构发布的 2018 中国十佳高效政府排行榜中，深圳位居榜首。

深圳市政府的公共管理服务意识强，公共管理水平较高，为各类企业和企业家创造了优越的经营环境，使他们的财富创造能力可以较为充分地发挥出来，结果就是深圳具有相当突出的产业和企业结构优势。深圳高科技产业规模大、集聚度高，产业应用技术创新水平全国领先，而企业是深圳高科技产业创新的绝对主体，这体现在 6 个"90%"上：90% 以上的创新型企业是本土企业、90% 以上的研发人员耕耘在企业、90% 以上的研发资金来源于企业、90% 以上的职务发明专利诞生于企业、90% 以上的研发机构设立在企业、90% 以上的重大科技项目发明专利诞生于龙头企业。深圳的企业类型多样，产业分布较为均衡，进入世界 500 强的企业数量近 10 年大幅提高，众多中小企业富有活力，形成了一个健康的、极具创新能力的生态系统。《经济学人》杂志刊文指出，深圳一年的国际专利数量相当于英国和法国的总和。科研和应用"两张皮"、科研成果落地难是国内很多城市面临的问题，而深圳以企业为主体的创新经济模式很好地解决了这个难题。这既印证了"地域嵌入型世界级经济平台"以企业为核心的发展模式是切实有效的，也说明深圳已经在相当程度上具备了建设世界级"地域嵌入型"的经济平台的产业结构基础。

以企业为主体的深圳经济充满活力，使得各种优质资本和大量高层次人才在深圳集聚。深圳的综合优势还体现在其世界一线城市的经济规模，世界一流的海陆空交通基础设施，以高端制造业和生产性服务业为主要支柱、被誉为"硬件硅谷"的完备产业链，毗邻香港、作为连接海内外市场关键枢纽的得天独厚的地理优势，相对发达的金融业，以及国内首屈一指的市场对外开放水平。基于这些综合优势，深圳在中国社科院发布的《中国城市竞争力报告NO.18》中被评为中国城市综合经济竞争力第一名。这些都为深圳打造"地域嵌入型世界级经济平台"奠定了坚实的基础。

在肯定成绩的同时，也要正视存在的问题。要真正成为"地域嵌入型世界级经济平台"，深圳还需要补齐几个严重制约未来发展的短板。

首先，深圳近几十年来快速发展，外来人口增加的速度和规模巨大，使得深圳越来越明显地承受着"大城市病"带来的压力。人口密度越来越大，城市公共服务供求矛盾也越来越突出，土地成本和房价越来越高。近年来，华为、中兴通讯、比亚迪、大疆等著名企业的一些重要部门从深圳陆续迁出，这是值得警惕和反思的。诚然,知名企业的迁出有自身战略的考量,高能耗、高污染、低附加值的企业迁出深圳确实是产业升级所需要的,但顶尖高技术企业出现这种倾向确实值得关注。因为这类企业代表的正是"地域嵌入型世界级经济平台"所需要吸引和留住的优质资本和企业类型。

其次,社会中下层劳动群体普遍不高的收入,与深圳以房价为代表的高生活成本极不协调。如果年轻人来深圳工作,奋斗了几年,仍不能跻身高收入阶层,那么其中的大多数就不得不选择离开。深圳对于人才,特别是年轻人的吸引力确实大,但在如何留住人才方面还得多下功夫,否则就无法实现成为"地域嵌入型世界级经济平台"的目标。

2. 深圳如何建设"地域嵌入型世界级经济平台"

从上述分析可以看出,深圳的综合优势突出,在建设"地域嵌入型世界级经济平台"方面具有良好的基础。只要能继续发挥既有优势,并正视问题、补齐短板,深圳将有望成为中国第一个"地域嵌入型世界级经济平台",为本地、粤港澳大湾区乃至全国开辟出一条可持续的经济发展路径。

"地域嵌入型世界级经济平台"的建设要围绕创造财富、留住财富和增值财富几个环节来进行。从"地域嵌入型世界级经济平台"这个概念出发,根据其形成条件和构成要素,结合深圳自身条件制定实施路径,深圳市政府可以大有作为,至少如下几个方面是必须考虑的。

（1）打造深度市场化、法治化、国际化营商环境。

过去40多年，在建设市场化、法治化和国际化营商环境方面，深圳已经取得了比较好的成绩。但要建设"地域嵌入型世界级经济平台"，深圳必须进一步深化这"三化"，使企业能更好地发挥其财富创造和增值能力。在中国的制度环境里，市场化需要政府来引导。

要实现深度市场化，亟待解决的是要找到进一步市场化的突破口。中小型企业的发展，仍然难以从国家金融系统中得到足够的资金。因此，深圳应该考虑在这方面寻求突破，探索通过金融分权、社会筹资等方式解决中小企业融资问题，让社会来分担创业风险、分享创业成果，从而解决国有银行不敢向中小型企业提供足够资金的问题。

实现深度市场化，还要防止垄断，以避免"大鱼吃小鱼，小鱼吃虾米"的情况。无论是对国家还是对企业来说，更为重要的是法治建设。这里的"法治"是广义上的，既包括财富保护的一般法律制度，也包括保证企业自由的法规。简单地说，法治就是一个"基于规则之上的秩序"。无论是技术创新还是知识产权，无论是资本的扩张还是流动，无论是财富的创造还是保护，都需要明确的规则。在深度法治化方面，要注意规则的建设，因为规则就是发言权，规则就是生产力。深圳有众多大型互联网企业，但对比美国、欧盟，在互联网规则的制定上，我国仍处于劣势。因此，深度法治化，就是要把企业在量上的优势和技术上的优势转化为规则，并且走向世界，成为世界的规则。

深度国际化也与此相关。深度国际化，不是生产产品的国际化,而是规则的国际化。没有规则的国际化,就会导致"内卷"。美国、欧盟之所以强大,不仅仅是因为一种产品、一项技术,而是它们有能力制订标准、制订规则。深圳在这方面应认真思考。

(2)发挥中国"三层资本"的优势。

中国的混合经济存在着三层资本,即国有资本、数量庞大的中小企业构成的民营资本、国有资本与大型民间资本互动的中间层。尽管中国会继续改革国企,但绝对不会也不应当放弃国企。需要搞清楚的是"三层资本"的边界,明确国企的性质和范畴。

过去的深圳对国有资本和民营资本的边界把握得比较好,国企做它应当做的事情,比如投入大规模的基础设施建设之中等,给民营资本留出很好的发展空间。未来如何厘清这一边界,是深圳在深度市场化过程中会碰到的,并值得认真思考和解决的问题。需要明确的是国企的主要目标是为经济和社会提供公共服务,而不能以营利和股东价值的最大化为最重要的或唯一的追求。国企的责任包括基础设施建设、应对由其他因素产生的经济危机、弥补市场失败或者平准市场等。在竞争性领域,国企需要继续把大量的空间下放给民营企业。再者,在继续加快把市场机制引入国企的同时,明确国企的公共服务性质,即国企的市场和一般意义上的市场是不一样的。国企具有社会性,不能用一般市场的概念来理解具有高度社会性的国企领域,否则会对社会造成大破坏。

改革开放以来,国家在医疗、教育和住房领域的一些方面可能出现了过度市场化的倾向。这些具有高度社会性的领域可以引入市场的概念,但不能像商业领域那样全部市场化。在新发展阶段,深圳有责任进行这方面的探索。

（3）提升知识产权保护和金融服务对企业创新的支持
力度。

深圳需要建立嵌入经济活动的教育培训机制，确立有效的知
识产权保护政策，并做好金融服务工作，从而提升对企业创新的
支持力度。

确立有效的知识产权保护政策对深圳的意义是显然的。深圳
企业密集，且高科技企业较多，必须有行之有效的知识产权保护
政策。就国家整体而言，发展到今天这个阶段，知识产权保护不
仅是出于自身发展的需要，还是进一步国际化的需要。深圳在这
方面必须加快进程，结合与香港深度合作的优势，加快建设和完
善粤港澳大湾区知识产权制度体系。

技术创新需要一整套投融资和风险管理体系。创新必有成功
与失败，深圳的政府机构在这方面已经积累了一定的经验，未来
必定会继续发挥作用。但同样重要的是，需要在监管范围内把这
个任务转移到金融服务机构，由金融服务机构来评估创新企业的
潜力和可行性并进行适当监管。实际上，金融服务还可以延伸到
西方国家。西方国家仍然是技术创新的核心地带，很多具有潜力
的新技术被资本买断后扼杀，因为资本想保持其垄断地位。考虑
到中国的市场潜力，深圳的有关企业利用市场手段可以把这些具
有潜力且面临被扼杀的新技术与自身进行整合，再利用深圳的产
业链优势，使这些新技术尽快落地，产生经济效益。

（4）塑造更为开放的经济体、提高国际竞争力。

在深圳经济特区建立 40 周年庆祝大会上，习近平总书记深刻
总结经济特区 40 年改革开放、创新发展积累的宝贵经验，其中重

要一条就是"必须坚持全方位对外开放,不断提高'引进来'的吸引力和'走出去'的竞争力"。新发展格局不是封闭的国内循环,而是开放的国内国际双循环。在新发展阶段,作为粤港澳大湾区核心引擎的深圳,刚好处于内循环和外循环的关键点和联结点。深圳一定要抓住这个机遇,建设超大型"地域嵌入型世界级经济平台",塑造比其他发展中经济体更为开放的经济体。政府辅助企业的发展,但不以培养几个大的既得利益群体为目标;相反,政府要通过反垄断等政策,为企业之间的有效竞争营造有利的政策环境。

在进一步提升开放水平和培育国际竞争力方面,深圳不应该只是紧盯粤港澳大湾区的其他重要城市(如广州),或其他国内一线城市,而是要有更高的定位。被称为"中国硅谷"的深圳具有强大的高科技产业集群,在产学研一体化方面也走在全国前列。从这些方面来看,深圳与美国硅谷的所在地旧金山湾区颇为相似。建设以深圳为核心的"地域嵌入型世界级经济平台",应该把世界三大湾区(特别是旧金山湾区)作为竞争对手,向它们看齐,并立志于超越它们。

(5)解决住房、教育、医疗方面的短板问题。

深圳在住房、教育、医疗方面的短板,既是深圳目前相对薄弱的部分,也是深圳下一步发展的潜力所在,还是进一步提升深圳综合实力的一个重要方面。如果能下大力气从根本上解决这些制约深圳发展的公共和社会服务方面的问题,深圳不但会变得更加宜居,对国内外人才的吸引力也将大幅提高,使更多优质人才向深圳集聚,从而对吸引和留住优质资本产生积极作用。资本要发挥创造财富的能力，是离不开这些优质的人力资源的。

历史地看，深圳市政府的执行力非常高，在打造"地域嵌入型世界级经济平台"方面潜力非常大。因此，在提升住房、教育、医疗等公共和社会服务的供给上，深圳有实力，软硬件实力都有。深圳已经拥有相对较好的基础设施，在这个基础上着重加强公共和社会服务领域的软基础设施建设，将会产生可观的投资回报比，并具体体现在巩固和提升深圳对优质资本的吸引力及保留能力这一构建"地域嵌入型世界级经济平台"的核心基础之上。深圳已成为"中国硅谷"，但与面积3800平方千米、人口300万左右的美国硅谷相比，深圳的人口密度大得多。因此，解决住房问题应该是深圳下一阶段软基础设施建设的重中之重。

（6）把握香港北部都会区发展机遇，推进深港深度合作发展。

毗邻香港是深圳的重要优势，如能将香港一些好的规则、标准引入深圳，可以大大缩短我们规则深度国际化的时间。学习、接轨香港已经国际化的规则，就是在给深圳这个本来就已经国际化的城市做加法，更好地实现深度国际化。深圳一定要把握香港北部都会区发展这一重大机遇，实现深港同频与深度合作发展，使深港都市圈同时具有世界顶级的且互联互通的科创和金融双中心。这对粤港澳大湾区乃至全国的发展都是非常大的利好。到那时，由深圳和香港双引擎驱动的粤港澳大湾区，无论是人口规模还是经济活力，都将毫不逊色甚至超越世界其他三大湾区，并将成为助推国家发展的超大型"地域嵌入型世界级经济平台"。

上文论述的六个方面是有机一体的，其实现有助于吸引、留住、利用优质资本、技术和人才,为打造"地域嵌入型世界级经济平台"奠定基础。

　　无论如何,深圳要在跨越"中等收入陷阱"、把经济提升到中等发达国家水平方面做出示范。"地域嵌入型世界级经济平台"成功建成的关键,取决于中央的顶层设计(宏观)与地方的执行细节(微观)的结合、向外部世界学习与自主创新的结合、社会主义的政治优势与市场制度的经济优势的结合。深圳成功了,其经验就可以推广到全国其他的地区。

　　构建新发展格局,升级经济发展引擎,我们只争朝夕,我们不能等。